川崎２式複座戦闘機『屠龍』（キ15改丁）

川西97式大型飛行艇23型（H6K5）

愛知特殊攻撃機『晴嵐』（M6A1）

愛知水上偵察機『瑞雲』（E16A1）

三菱一式陸上攻撃機（24丁型）（G4M2e）

空技廠特別攻撃機『桜花』（MXY7）

川西２式大型飛行艇12型（H8K2）

中島長距離爆撃機『富嶽改』（G10N9）

空技廠川西夜間戦闘機『極光』(P1Y2-S)

愛知18試丙夜間戦闘機『電光』(S1A1)

川西水上偵察機『紫雲』11型（E15K）

中島17試艦上偵察機『彩雲』11型（C6N1）

中島17試陸上攻撃機『連山』（G8N1）

中島13試陸上攻撃機『深山』（G5N1）

九飛18試局地戦闘機『震電改』（J7W2）

中島４式戦闘機『疾風』（キ84甲）

川崎キ64高速戦闘機

三菱４式重爆撃機『飛龍』雷撃機型（キ67）

空技廠18試陸上偵察機『景雲』（R2Y1）

三菱キ109試作特殊防空戦闘機（重爆撃機『飛龍』から発展した対B-29用戦闘機）

三菱艦上戦闘機『烈風』（A7M2）

中島試作特殊攻撃機『橘花』

三菱19試局地戦闘機『秋水』(J8M1)

三菱試作遠距離戦闘機(Ki-83)

川崎試作高速戦闘機（Ki-78）東京帝国大学付属航空研究所『研三』

中島18試局地戦闘機『天雷』（J5N1）

川西水上戦闘機『強風』（N1K1）

満飛試作高高度戦闘機（Ki-98）

中島特殊攻撃機『剣』甲（キ115甲）

甲標的丁型『蛟龍』量産型

小型潜航艇『回天』１型（93式酸素魚雷３型）

震洋艇５型（水上特攻兵器）

中松義郎
NakaMats Yoshiro

超経験者しか知らない大東亜戦争の真実

日本は負けたのではない

文芸社

日本は負けたのではない

超経験者しか知らない大東亜戦争の真実

終戦から見直すことが〝日本維新〟の一丁目一番地だ。日本人の自信を無くさせ、世界から、歴史から日本を軽蔑の対象に貶めた元凶である「日本は負けたのだ」という従来の認識に対し、「日本は負けていなかったのだ」という終戦時の真の事実を、その体験者として後世に伝え、日本国と日本民族を真の自立に導き、日本人に自信と活力と勤勉さを復活させ、日本国を蘇生させ、いま一度立ち上がって、あの素晴らしく逞しかった鼓動を今の日本人が見せて欲しいことを願い、著したのが本書の目的である。

■はしがき

米国の歴史学者ジョン・W・ダワーは著作『人種偏見』（TBSブリタニカ刊　一九八七年）の中で、軍事評論家フレッチャー・プラットが一九三九年に発表した「日本軍の四つの弱点」を次のように紹介している。

『第一の仮説によれば、日本人はたいてい近眼であるのと同じく人種的に内耳管に欠陥がある。これが彼らにバランス感覚を失わせているが、パイロットにとっては許されない欠陥である。

第二の解釈は、武士道および個人の生命を無価値とする日本人の掟に責めを負わせている。飛行機がきりもみ降下したり他の面倒なことに巻き込まれると、日本人は胸元で腕組みをして大日本帝国の栄光のため嬉々として死んでいく傾向がある。一方、個人の存在について一段と鋭い意識をもつ欧米人は、全力をあげて機体の障害を取り除こうと努めるか、土壇場になってパラシュートで脱出する。この解釈は、日本に行ったことがある数人の飛行教官によって支持されている。

心理学的な仮説では、日本人がドイツ人以上に徒党を組む国民であると指摘している。

「一人の日本人は愚の骨頂であるし、二人の日本人は抜け目ないことこの上ない」。しかし飛行機の操縦士というのは特に孤独である。だから、お粗末な個人主義者である日本人は、お粗末な操縦士なのである。

最後に教育的な解釈では、日本人の子供が機械で動くおもちゃや機械的な訓練を、他の人種の子供より少ししか受けていない』と指摘している。

驚くべき偏見と誤解だが、これが大東亜戦争前の米英の日本人と日本軍に対する評価だ。だからルーズベルトは、日本を見くびり日本が戦争を仕掛けても大したことないと、日本から戦争を始めるように誘導したのである。

しかし、日本が驚くべき力を持っていたことを思い知らされた。

日本との終戦直後、米国は朝鮮戦争で負けて三八度線まで押しまくられた。ベトナム線では完全に負けて撤退した。日本軍はベトナム軍より強かったのは明らかで、もし終戦にせずに本土決戦に踏み切っていれば日本の勝利になっただろう。

大東亜戦争の目的は、米、英、オランダのアジア植民地から彼らを駆逐し、東南アジア諸国を解放することであったから、終戦後に東南アジア各国が西欧から独立したので、その目的は達成され、日本は結果的にも戦争に勝ったことになる。

東南アジア諸国の独立の原動力には、多くの日本人の尊い血と日本国家の犠牲があったのである。加えて日本人の強さを世界に知らしめ、また終戦でも日本の〝国体護持〟が達成されたので負けたのではない。

支那事変、大東亜戦争のどの戦線でも、日本軍は最後まで絶対降伏しなかった世界一の最強の軍隊であった。終戦し、占領軍が作った憲法で武器を放棄させられた日本は、経済に集中し、平成五（一九九三）年には国民一人あたり所得が米国を抜き世界一となり経済戦争でも米国に勝利した。これは、大東亜戦争でも気力で負けなかった戦時中鍛えられた強い日本人が、終戦後は商売に徹し経済戦争にも勝ったのである。

しかし戦後間違って教育された弱々しい日本人が今の弱々しい日本にしてしまった。本書をお読みになった読者は〝日本は負けたのではない〟事実をまず確認し、強い日本の復活に頑張ってほしい。

平成二五年五月二七日

著者

『日本は負けたのではない』目次

第一章

米国から見た一二月七日までとその後

米国国立公文書記録管理局が保管している一枚の書類がある。一九四一年一二月八日、米大統領フランクリン・ルーズベルトの議会における宣戦布告要請演説の草稿だが、この草稿を見ると『infamy』と訂正され、ルーズベルトが日本から開戦するように長い時間をかけて誘導していたのに、自分は全く知らなかったふりをして『suddenly』と訂正し、また、『ハル・ノート』で米国が日本を窮地に追い込む止めを刺したのに『日本が仕掛けた』と、『at the solicitation of Japan』の文章を追加して、開戦当初から歴史を自分に都合よく歪曲したことが判る。

実は一二月七日時点で、米国は未だ戦争準備ができておらず、米国は時間稼ぎで対日交渉をしていた。日本を甘く見ていたルーズベルトの『infamy』という言葉で、歯軋りが聞こえてくる議会演説だ。

■どうやって米国側から見るか

私は最後の大日本帝国海軍将校生徒であり、最後の東京帝国大学卒業生である。開戦時の体験者として、当時実在した日本の主要人物本人から直接聞いた実話や、私の米国での人脈を通じて、一般の日本人では知り得ない米国の一二月七日までとその後の米国による歴史の歪曲を透かして見ることができた。

私の人脈は、例えば私が発明したパターを愛用したジョージ・ブッシュ大統領に代わり、大リーグで日本人として私が初の始球式を行ったり、私が米国国会表彰されたり、私の名を冠した記念日が一七の主要市州にあるなどによる。

英国サッチャー首相も私が発明したパターの愛用者で、来日時、ご本人が私のところへ来てお礼の言葉を戴いたほど親しい。

米国のマスコミは、ハースト系とスクリップス・ハワード系の二大系統に新聞、通信、ラジオ、テレビが分かれているのだ。主流のスクリップス系の大本山スクリップス・ハワード社のハワード会長は私の米国の親代わりで、ニューヨークの自宅に私を泊め、家族の一員として一緒に自宅で食卓を囲み、私を「グッド・ニポニーズ」と遇して米国大統領、パン・アメリカン航空社長、ＲＣＡ社長、ブランズウィック社長やウエストポイントを一番で卒業した米軍司令官など、米国を動かしている人々に引き合わせてもらい、彼らと親密になった。そして私の誕生日に彼の自宅に招待され、私の前で床にひざまつき、私を見上げながら誕生日の贈り物を私に捧げたり、米軍の機密工場の内部見学の許可証を私に出し、機密製造工程を見せたり、日本人としては破格の待遇を受けた。

ハワードさんは親日家で、当時の首相・吉田茂が米国大統領にアポが取れなくて困っていた時、そっと裏口からホワイトハウスに入れたり、吉田首相からの密書を、私が発明したフロッピー・ナカビソンに託して国務省に届けてもらったという秘話もある。

■米国の一二月七日までの開戦準備

日本が米国との戦争を決定づけたのは『ハル・ノート』だが、米国は日本よりずっと前から対日戦争の準備をしていて日本から火蓋を切らせようとしていた。

明治二三（一八九〇）年、マハン海軍大佐の『海上権力史論』によって、米国はそれまでの孤立主義から、海洋帝国主義に方針を変更した。フィリピンは米国本土から約一万三〇〇〇キロメートルあるのに、日本の領土の台湾からは、わずか三七〇キロメートルしかないので、米国がフィリピンを守ることは非常に難しいということがこの本で指摘されていた。しかし米国は明治三一（一八九八）年の米西戦争に勝ち、フィリピン、グアム、プエルトリコを奪った。

ハワイ王は日本から皇族を迎えて日本と合併したかったのだが、日本政府は愚かにもこれを断ったのでハワイ王は諦め、代わりに米国が進出した。日本がハワイ王の要請を受けていれば真珠湾は米国の軍港にならず、従って真珠湾攻撃の必要もなかったのだ。

明治三六（一九〇三）年、米国は陸軍と海軍が統合会議（ジョイント・ボード）を設立した。そして日露戦争が終わった直後の明治三七（一九〇四）年、セオドア・ルーズベルト大統領が下問し、戦争計画を始めた。これが『カラー計画』である。赤は英国（日英同盟を結ぶ英国は米国の敵と見なされた）、深紅はカナダ、緑はメキシコ、黄褐色はキューバ、黒はドイツ、紫は中央アメリカ諸国及びロシア、黄色はシナ、オレンジは日本と、各国の暗号色が決められ、それぞれの国と戦争する計画が立案された。日清戦争と日露戦争に勝ち、さらに第一次世界大戦でも戦勝国となった日本の台頭は、米国からは最大の仮想敵国とされていたが、このことを当時の日本人は未だ知らなかった。

これまで日本では、ルーズベルト大統領は日露戦争講和の恩人とされているが、彼は日本のためというより、ロシアの国力を弱めるために日露講和を取り持ったと思われる。その証拠として彼は、日露戦争直後から真珠湾基地の建設を始め、『ハル・ノート』より遥か前、日本の対米戦準備より遥か前に、米国は日本との戦争準備に入っていたのだ。

明治三九（一九〇六）年四月一八日早朝、サンフランシスコ大地震が発生。日本政府は義援金を送るとともに、地震学の権威・大森博士調査団を派遣したが、この一行が投石され、日本人町も整理移転させられ、日本人生徒は公立小学校から隔離され、日本人経営レストランがボイコットを受け、日系人が襲撃された。

この騒動がきっかけとなり、『War Plan Orange：The U.S. Strategy to Defeat Japan（日本をやっつける「戦争計画オレンジ」）』が始まった。

第一段階は日本軍によりフィリピンやグアムを失う。第二段階は反撃し日本艦隊を決戦で敗北させる。第三段階は日本を包囲し海上封鎖によって経済的に屈服させる。

しかし米国民が長期戦に耐えられない日本本土への上陸作戦は、ほとんど不可能とした。この点からも、日本は本土決戦をせずに終戦にしたのは間違いであったたし、本土決戦をすれば日本は勝っていたと私は考えるのである。

米国はマレー半島とシンガポールは防衛可能としていたが、開戦してみると、強い日本軍は開戦直後アッという間にこれらを占領した。

戦争計画を立案したショーメーカー大佐は六四六隻の船舶と初期の計画の五倍から七倍の補給が必要とし、艦隊司令長官リチャードソン大将は、戦争は五年から一〇年続くとし、戦争の長期化にともなう犠牲の増加、米国国内の厭戦機運を恐れた。戦争計画部長エンビック准将は、「戦争によって得られる成果が費用に見合わない。日本を対象に軍備を増強するのならば、米国海軍が軍事予算の七五パーセントを消費し、海軍が米国の富を消耗し、そのうえ本国の防衛には全く効果がない。国益にならない戦争を国民は支持しない」と主張した。

ホーマー・リー著『The Valor of Ignorance（無智の勇気）』では、サンフランシスコが日本軍に占領されるとし、西海岸の古い要塞が改修されたが、パナマ運河の攻撃は航空母艦でも不可能であると、少ない兵力しか配備しなかった。しかし日本海軍は、潜水艦に特殊攻撃機（晴嵐）を載せて攻撃するという破天荒な計画を秘密裏に実現し、米国の予想を覆すのである。

明治四〇（一九〇七）年三月、ルーズベルトは大統領令（Executive Order）を発布。ハワイ、メキシコ、カナダからの日本人の転航移民を禁止した。

大正九（一九二〇）年、米海軍フロスト少佐は『渡洋作戦』という極秘文書を作成した。第一段は、日本を経済封鎖により窒息させる。第二段で、日本に決戦を強いる。となっており、基本的に大東亜戦争で米国がやった事をこんなに早くから計画していた。ただし決戦については、地理的に日本艦隊が有利なので、米艦隊は少なくとも一〇対七の比率を保つべきことを提案し、これが、日本海軍に対するワシントン条約での戦艦規制や、巡洋艦や潜水艦など補助艦艇規制のロンドン軍縮条約（米英側が山本五十六の論法にどうしても勝てなかったと後で述懐している）での、米国の姿勢の基本となった。海上戦術として、従来の〝単縦陣〟ではなく、主力艦の周りの巡洋艦、さらにその外側の周りに駆逐艦を配する〝輪形陣〟が考えられ、これを大東亜戦争で米海軍が実行した。ただし空母中心の機動部隊は日本の発明で、米国は輪形陣の真ん中の戦艦の代わりに空母を置き、日本海軍の機動部隊を真似た。上陸前の艦砲射撃も日本海軍の発明で、米軍は戦争中期からこれを真似し始めた。魚雷については、帝国海軍の酸素魚雷が世界で群を抜いていたが、米海軍はどうしても真似ができず、米軍の魚雷は帝国海軍より遥かに劣っていた。また戦後、零戦と米戦闘機とで射撃の命中率比較テストが行われたが、零戦は常に標的の真ん中に当たり米戦闘機の弾はほとんど標的から外れた。この零戦機関砲の設計者は、私の発明の弟子である東大工学部造兵学科西村教授であった。

■反日ルーズベルトの登場

フランクリン・ルーズベルトの母の家は、シナとの貿易で財を成していたので、日本のシナ進出を嫌っていた。蒋介石の妻・宋美齢はこれにつけ込み、ルーズベルトに接近し、日本の悪口を長年吹き込み、ルーズベルトはますます反日に傾いていった。

妻エレノアが共産主義者であり、本人も社会主義者、人種差別主義者のルーズベルトが昭和八（一九三三）年三月大統領に就任した。そして反共産の日本とドイツに牙をむいた。ルーズベルトは昭和一二（一九三七）年一〇月、シカゴでドイツと日本を侵略国として世界から隔離すべしと『隔離演説』を行った。一方英国も、満州、シナ、南太平洋を大日本帝国が抑えて、大英帝国にとって代わりつつあるのを嫌がっていた。

リチャードソン海軍大将が「全艦隊を大西洋に集結してドイツに対抗しよう」と提案した時に、ルーズベルトは「日本に圧力をかけるため、米西海岸のサンディエゴから西に進みハワイに艦隊を集めよ」と命じた。そして「日本人が誤りを犯して、米国の世論を怒りしめたならば我々は戦争しよう」と述べた。この日本の誤りとは『日本が騙し討ちなどして、米国市民を怒らせる事』であった。

そして米海軍戦争計画課長インガソール大佐やレーヒ海軍作戦部長に、対日独戦争計画を英国とロンドンで協議させた。この会議で、日本が南進する場合、シンガポールに基地を置く英国東洋艦隊と、真珠湾に集結する米国太平洋艦隊は、共同作戦を行うことが立案された。つまり大東亜戦争の四年も前から、米国は英国と共同で日本に対する戦争準備を具体化させていたのである。

昭和一二（一九三七）年『オレンジ計画改定』では、日本軍の最初の目標をフィリピンとグアムとし、米フィリピン防衛軍は、まずバターン半島に退きながらマニラ湾は確保。米本土からの米艦を、迎え入れる計画になっていた。しかし強い日本軍は開戦直後、アッという間にマニラ湾を占領した。

米国艦隊司令長官・リチャードソン海軍大将は「オレンジ計画は長路の航行を必要とし、実行不可能である。オレンジ計画は、海軍省が予算獲得の議会説得のために作ったものである」と述べた。一九三〇年代のオレンジ計画は、日本への開戦計画を利用した米国の建艦計画であった。

昭和八（一九三三）年、ヒットラードイツがヨーロッパで台頭すると、ルーズベルトは航空機二万機生産を計画し、ドイツの〝黒〟と日本の〝オレンジ〟を混ぜた色である『レインボー計画』の第一案を昭和一四（一九三九）年四月作成した。このルーズベルト大統領の提案は、一．西半球防衛　二．太平洋全面攻勢　三．太平洋限定攻勢　四．大西洋限定攻勢　五．大西洋全面攻勢を包含する世界戦略構想の五項から成る案で、単一国家対象（日本またはドイツ）の『カラー作戦』から、複数国家対象（日本とドイツ）の『レインボー計画』へと、戦略体系の大転換が行われた。

帝国海軍兵学校の卒業生は少尉候補生に任官し、卒業記念として世界一周の遠洋航海に出る。そして南アメリカに立ち寄ると、南米海軍は大歓迎し、「我々南米海軍は日本海軍に協力し米国を攻めよう」といつも言っていたので、これを漏れ聞いた米国は日本メキシコ連合軍による米国への進攻作戦を警戒したり、アリューシャン列島沿いに、アラスカから米国本土に日本軍が進軍すると予想したが、真剣には考えていなかった。また、日本が南洋諸島を要塞化するという虚報を流し、これを海兵隊の兵力整備に利用し、『Advanced Base Operation in Micronesia』が立案された。

昭和一四（一九三九）年七月、ルーズベルトは文民長官を棚上げし統帥権を独立させ、大統領が三軍の総司令官となって、天皇陛下が統帥権をお持ちである大日本帝国の国家体制と同等にして対抗し、戦争準備を着々と進めた。

昭和一四年九月、ドイツがポーランドに進撃し第二次世界大戦が始まり、昭和一五（一九四〇）年にはドイツが全ヨーロッパを占領した。そこで昭和一五年六月七日、日本、ドイツ、イタリアの三国同盟に対する戦略として『レインボー四号』が計画された。

次いで『プランドッグ（D計画）』が昭和一五年一二月二一日作成された。これはスタ―ク海軍作戦部長が、大統領に提出したABCD案の中のD案で、一．陸海軍兵力を急速に増強すべし　二．日本とは進んで戦争をしないこと　三．ドイツとの主作戦の支障をきたさない範囲で、戦力を日本に対し使用すること、という内容だった。

これが、昭和一六（一九四一）年春に作成された『レインボー五号計画』の基盤となり、米国と英国の参謀会議が開かれた。

昭和一四年一二月中旬の記者会見で、ルーズベルトは「隣の家が燃えているなら注水ポンプを貸すべきだろう」とスピーチし、さらに、一二月二九日の炉辺談話では「我々は民主主義の兵器廠であらねばならない」と言って、戦争に乗り気でない米国民に、大東亜戦争開戦の二年前から戦争準備を訴えた。

昭和一五年一月一六日、ルーズベルトは、国務、陸、海首脳を呼び、英国がドイツに降伏するのにあと六ヶ月、ドイツが米国に上陸するのに二ヶ月かかる。つまり八ヶ月以内にハワイの太平洋艦隊が準備を整え、大西洋の船舶護送と沿岸哨戒として英国に対する援助を強化した。

昭和一六年一月一三日、米国と英国の参謀会議が行われ、『ＡＢＣ・１計画』ができた。これは「主要勢力はドイツ打倒を指向し、日本に対しては、ドイツ敗北までは、中部太平洋での制限された攻撃と牽制的な消耗戦を行う」というものだったが、シンガポールと南太平洋戦争のやり方については、米国と英国の両者の意見が割れた。

この『ＡＢＣ・１』が、米参謀総長及び作戦部長の承認を得て、統合会議（ジョイント・ボード）は直ちに『ＡＢＣ・１』に基づき『レインボー五号計画』が、昭和一六年四月末に完成した。

その内容は、太平洋の米海軍は、米英の海上交通の保護、日本の海上交通破壊、東経一五五度以東赤道以南の米軍支援、ミッドウェー、ジョンストン、パルミラ、グアムの防衛、マレー半島、スマトラ及びジャワ、オーストラリアから日本を牽制し、マーシャル諸島の支配を防衛し、日本交通線に航空攻撃を加え、カロリン、マーシャル諸島の支配を準備する。陸軍はフィリピンを防衛する。海軍は地上軍、空軍を支援し日本の海上交通を急襲撃破する。米アジア艦隊長官は陸軍と共同し、まずフィリピン、次にマレー半島を防衛するというものだった。

米海軍戦争計画と太平洋艦隊作戦計画の『レインボー5、WPL・46』は、一．マーシャル諸島の占領、日本の海上交通線を攻撃し、日本をマレー防壁外に牽制　二．カロリン、マーシャル諸島の視察。奇襲で占領。前進基地をトラックにする　三．ミッドウェー、ジョンストン、バルモア、サモア、グアムを防衛、となっていた。

一方米陸軍は、現地人部隊で増強された局地防衛部隊にすぎないが、海軍と協力してフィリピンを防衛するとし、この方面のアジア艦隊は大きな期待は持たれていなかった。

昭和一六年六月頃の米国戦略はアラスカ、ハワイ、パナマを結ぶ三角形の守勢作戦だった。そしてフィリピン、グアムとウェークも、日本に占領されることを黙認していた。

大東亜戦争開戦の一年前、昭和一五年一一月、ルーズベルトはシェンノートをフライング・タイガー司令官としてシナ大陸からボーイングB17爆撃機を発進させ、日本を空襲する計画を立てさせたが、陸軍参謀総長マーシャル将軍は成功の可能性が低いとして許可しなかった。

しかし、日本の真珠湾攻撃の六ヶ月も前に、ソ連スパイでルーズベルトの補佐官ロークリン・カリーの提案により、日本を空襲する計画『JB355』をルーズベルトが承認している。また、ルーズベルトは『武器貸与法』を日本の真珠湾攻撃より前に成立させており、日本と中立条約をしていたソ連に日本との中立条約に反して、大量の武器をソ連に供給し、これが終戦直前のソ連の満州や北方領土の侵略で使用された。

英国代表のケインズと米国ハル国務長官が会い武器貸与法と、国民に売る戦時国債の打ち合わせを行い、戦争予算も着々と米英で準備されていった。

■ビクトリー・プログラム（勝利計画）

昭和一六（一九四一）年六月二二日、独ソ戦争の勃発により、全く世界情勢が変わった。

それまではドイツが英国に上陸し、英国が降参するのが秒読みだった。日本陸軍は、英国が降参しドイツが勝利して、第二次世界大戦が終了すると判断して、大東亜戦争開戦に踏み切ったのだった。

日露戦争の時は、開戦当初、終戦の方法は決まっておらず、セオドア・ルーズベルトとハーバード大学で同級生の金子が、ポーツマスでの講和へ導いたのだが、大東亜戦争の場合、珍しく開戦前から終戦の方法を陸軍参謀本部は計画していた。それは、英国は遠からず降伏するので、ドイツに米国との終戦の仲裁を依頼することが決定されていたのだ。

しかしドイツがソ連と開戦し、英国へのドイツの上陸がなくなり、英国敗戦の可能性が遠のいたこととと、ドイツがソ連と開戦して、米国の戦争準備の時間稼ぎができた二点が、米国にとって大きなプラスとなった。これはヒットラーの戦略上の大失策で、日本が予期せぬ出来事だった。

これでほっとしたルーズベルトは、「ビクトリー・プログラム（勝利計画）」の作成を、昭和一六年、陸軍長官に命じた。

かくて米国では、昭和一五（一九四〇）年の一二月の『D計画』、昭和一六年三月の『ABC10』『レインボー五号』を集約し、「世界戦争に対する統合基本戦略見積」が完成した。

これは、第一部から第四部まであり、第一部は作成の理由、第二部は主要軍事政策、第三部はドイツと日本の主要戦略の予想、第四部は米国の主要戦略と陸海軍兵力の要求書から成る。

これにより、軍需品の形式、数量、優先順位が決まった。

この計画は、昭和一八（一九四三）年六月に目標を全部達成した。

これが、昭和一八年から米軍が反攻に転じ、日本が守勢に転じざるを得なかった隠された理由で、日本側から見た従来の情報では全く判らなかった日米軍の変化を本論文が解き明かしたのである。

この点、永野修身海軍軍令部総長が、開戦前の御前会議で「開戦は成可く早いほうが良い」と言ったことや、山本五十六連合艦隊司令長官が「半年や一年は暴れて御覧にいれる」と述べ、暗に「それ以上は戦うな」と言ったことは正しい。山本長官が「ひよどり越えと川中島と桶狭間を併せ行うようなもの」と称した真珠湾攻撃を成功させ、マレー沖海戦で英国東洋艦隊も全滅させ、次にミッドウェー作戦を「真珠湾で撃ち洩らした敵空母を全滅し同時に陸軍最精鋭の一木支隊をミッドウェー島占領させた後に、ハワイ島を占領し、直ちに講和に持ち込むこと」を昭和一八年中頃以前に行う予定だった。これはまさに、米軍の『ビクトリー・プログラム』を透かし見るようなタイミングで、さすが頭脳優秀な山本五十六連合艦隊司令長官の日本を勝利に導く基本戦略だったのだ。

昭和一六年一〇月、マーシャル参謀総長の命により、一一月一九日『レインボー五号修正第一号』が作られ、次のようにフィリピンの陸軍強化となった。
一．フィリピンの海岸線を海軍と協力して防衛せよ
二．日本の海上交通撃滅を海軍と協力せよ
三．日本軍の施設を空襲せよ
四．連合国の領土防衛に関し、規定の政策ならびに協定に従い、これら諸国に協力せよ
かくてフィリピン作戦は土壇場で大転換する。しかし、米側情報によれば「フィリピン陸軍司令官マッカーサー中将は慢心して、日本軍を甘く見ていた」し、軍事政策と政治政策の不一致が米国にあり、また、米空軍は自国の航空機の能力過信があり、日本空軍の実力を下に見ていた。零戦が昭和一五年シナ重慶での初陣で敵機を全機撃墜した時、シナ空軍で応援していた米国人パイロット（フライング・タイガー）は、「日本が独自に造れるはずがないので、ドイツ製の新型戦闘機が出現した」と本国に報告していた。

■日本の秘密兵器

当時、航空機、艦船、魚雷など日本海軍の軍事技術は、世界基準を抜いていた。実際開

戦してみるとアメリカ御自慢のロッキードP38ライトニング、ベルP39エアラコブラ、カーティスP40、グラマンF5Fなど米軍機はことごとく帝国海軍零式戦闘機（以下、零戦）の前にひとたまりもなく撃墜されたのである。

日本の零戦の強さは上昇力、旋回性能にあった。航空力学的に言うと零戦の馬力荷重（エンジンの出力一馬力が負担する重量）と翼面荷重（翼面積一平方メートルにかかる重量）が非常に少ない。だから、戦闘機、巴戦がドッグファイトで零戦は米、英、ソ連機より遥かに強かった（シナは戦闘機など飛行機は自国では造れなかったのでソ連からミグ機など借りていたので問題なく弱かった）。そして、相手を見つけたら、素早くその後ろに回り込み接近射撃により撃墜する。

零戦は無敵であった。米国機は一二・七ミリ機銃に対し零戦は二〇ミリ機関砲だ。相手はアッという間に火を吹き墜ちる。しかも米国機は重い。零戦の二四一〇キログラムに対し、P40が四一六〇、P39が三六三〇、F2Aが三一二〇、F4Cが三三七〇だ。だから馬力荷重も翼面荷重も航空力学的に零戦のほうが優れているので零戦は滅法強かった。その上航続距離が米陸軍機P40の一四四〇キロメートル、米海軍機F4Fの一六六〇キロメートルに対し、零戦はその二倍以上の三五〇〇キロメートルという驚くべき性能で遠隔地まで攻撃できたことを開戦前の米国は全く知らずに日本を見くびっていたのである。

	馬力荷重（kg）	翼面荷重（kg）
日本海軍零戦	一〇〇	一〇〇
米海軍Ｆ４Ｆ	七六	七六
米陸軍Ｐ38	九〇	九〇
米陸軍Ｐ40	七一	七一

右の表からも解るように、数字が優秀なのであるから明らかに米軍機が零戦に勝てるわけがなかったのである。

日本の設計者のほうが頭が良く優秀で、その上日本のパイロットは支那事変で鍛えられた歴戦の優秀パイロットが多数いたので、米軍機は次々に撃ち落とされ、戦闘機が落とされると爆撃機が墜落され、制空権は日本軍のものとなり、そうすると米艦を次々撃沈して制海権も日本のものとなり、日本は連戦連勝したのである。

また、戦時中、日本海軍の軍艦のタービン、ボイラー、機関の故障が一回も無かったのは日本の海軍機関学校の教育と機関科将校が優秀だったからである。

昭和一六年、英国東洋艦隊旗艦プリンス・オブ・ウェールズで米英は会談し、対日共同声明を出した。その三ヶ月後に『ハル・ノート』を日本に突きつけたのである。

昭和一六年一一月五日の米国統合会議は、日本との戦争を次の如く計画し、大統領に進言した。（くしくも、この日は日本では御前会議が開かれ、日米交渉不成立の場合は、開戦する。という『帝国国策遂行要領』が決定された、同じ日である）

一．日本に対し、無制限『攻勢』はとるべきではない。

二．米国が防衛準備ができるまで、日米間の開戦は極力回避する。日本に対する軍事行動は次の場合に行う。

1．米国領土、委任統治領へ日本が武力行使した時。

2．日本が東経一〇〇度以西、北緯一〇度以南のタイ領土、ポルトガル、チモール島、ニューカレドニア島、ロイヤルティ諸島を攻めた時。

3．日本の経済的地位を弱体化するため、最初は守勢を取る。

4．日本軍の昆明に対する進撃、タイ侵入、ソ連攻撃の場合でも、米国は日本と開戦しない。

5．日本と戦争をしないようにして、支那への援助を拡大する。

6．日本へは、最後通牒は発しないこと。

ルーズベルトはこれに同意し、閣議で官僚の意見を求めた結果「開戦するかどうかは、日本に任せる」という事が決定した。

■ルーズベルトの戦争への誘導と日本の対応

当時ルーズベルトは〝ニューディール政策〟を掲げ選挙に勝ったが、景気は一向に良くならず手詰まりで、戦争で景気を良くしようとしたが、選挙公約で「戦争しない」と言っているので、「日本から攻めさせる」しか手はなかったのだ。

戦前ルーズベルトは、チャーチルとの対談した時に「日本人は野蛮で、身長は平均一五三センチしかなく、頭蓋骨も白人と比べ、未発達だ」と述べ、この劣等でチビの日本人がまさかあのように真珠湾を攻撃できるとは思っていなかった。一方連戦連勝で滅法強かった日本陸軍は、米国兵は弱いと米国を見くびり、両国ともお互いに相手を見くびっていたことが両国の根底にあった。

戦後生まれの某テレビ司会者が「日本は負けるのが判っていたのに戦争した」というような本を書いていたが、このような当時の日米の状況を知らないのだろう。

ルーズベルトのニューディール政策が経済的に失敗していたのに、米国では歴代大統領の中でルーズベルトが最も人気がある。これは彼のそれまでの経済的失敗を、日本を戦争に引きずり込み、飛行機や軍艦を大増産することにより取り返したことによる。日本外務省の暗号を解読していたと威張る一方、真珠湾が奇襲されたという矛盾の辻褄あわせとして、『SNAKE ATTACK（騙し討ち）』と事実を歪曲した歴史を作り宣伝し、「リメンバー・パールハーバー」で、参戦と反戦で二分していた米国民を参戦にまとめることに成功したからだ。

日本は、米内大将や山本五十六連合艦隊司令長官が「対米戦争を始める前に、和平交渉すべし」との主張により、ワシントンで日本大使野村海軍大将とハル国務長官が交渉をした。

交渉内容は、日本陸軍が主張する強硬な内容（甲案という）であったが、東郷外務大臣は交渉を成功させるために米国が呑み易いもっと柔らかい内容の乙案を陸軍に隠して密かに作成した。

この内容をワシントンの日本大使館に電報で打つと陸軍に気づかれるので、東郷外相の腹心の来栖大使に手持ちさせワシントンの野村大使と二人で米国と交渉する二段構えにしたのだ。

この来栖大使はベルリンでヒットラーと日独伊三国同盟を締結した時に立ち会った人物

であるので、米国では来栖大使の交渉参加を全く評価していなかったし、野村大使との交渉開始のあと、遅れて来た理由も判らなかった。

しかし来栖大使が持参した日本の乙案に米国が飛びつき、ルーズベルト大統領も了承したのは、戦争準備が不十分で「戦争準備にあと四ヶ月かかるので、乙案で日本と一時的に和平し、その間、戦争準備をする」というのが本音だった。

■『ハル・ノート』が生まれるまで

日本開戦を決定づけた『ハル・ノート』は、実は二つあった。そしてその狙いについて、今までの日本の論と異なる私の説をここで述べたい。

二つの『ハル・ノート』とは、ソ連のスパイであるハリー・D・ホワイト財務次官補が書いた『一般案』という強硬案とコーデル・ハル国務長官が乙案に基づき書いた『暫定案』という妥協的なものの二つだ。

ハルは暫定案に基づき日本と和平することをワシントンにいる英国とシナの大使に連絡した。英国は反対しなかったが、この連絡をワシントンのシナ大使から受けた蔣介石は「日本と米国が和平したらチャイナは日本に窒息させられて潰れる。日米和平大反対だ」と英国のチャーチル首相に電話で泣きつき、チャーチルはルーズベルトに電話して蒋介石の意向を伝えた。ルーズベルトの側近のハリー・ホワイト（後にソ連スパイと判明）も他の蒋介石に近い大統領側近も日米和平に反対し、前日までまとまろうとしていた日米和平が最後の一日でひっくり返された。

蒋介石は大喜びで、日記に「我が外交的大勝利」と自慢して書いている。蒋介石の日米和平妨害の動きが日本の運命を変えた。戦後日本人が蒋介石に感謝する認識があるが、日本の陸軍士官学校予備校の東京振武学校で学んだ蒋介石が裏でこのように日米を離反させ、戦争に日本を陥れた張本人であったことを忘れてはならない。

強硬案に決定した時ルーズベルトは、「We should maneuver them into the position of firing the first shot.（我々は日本に最初の一発を撃たせるよう誘導すべきだ）」と言っているが、ジョン・トーランドが日本の真珠湾攻撃後に書いた『真珠湾攻撃』によると『ハルは『日本の交渉態度は上っ面だけ強硬だが、ドンと打てば慌てて引っ込む』と言っていた』とあるように日本を甘く見ていた。また、軍も戦争準備にあと四ヶ月かかるので日米交渉を長引かせてくれと言っていた環境を考えると、強硬案の『ハル・ノート』を渡しても「日本はすぐに開戦しないのでは？　ともハルは考えていたのではないか」というのが私の新説である。

しかし日本は『ハル・ノート』に敏感に反応して開戦してしまった。

戦後この交渉に当たった来栖大使が、私の箱根の別荘にひょっこり遊びに来た。そして私が何も聞かないのに「私は単に利用された男にすぎない」と私にぼやいたのを、昨日のように覚えている。

■近づく開戦とスパイ合戦

日米関係が難しくなった場合、日本が真珠湾を攻撃するという情報は、昭和一六（一九四一）年一月二七日、ペルー公使リカルト・リヴィエラ・シュライバーが横浜のペルー領事館のスパイをしていた日本人通訳や東京帝国大学吉田教授から情報を得て、これを東京のグルー米国大使に伝え、ルーズベルトに連絡されていた。これが米国が真珠湾攻撃を事前に知っていた根拠とされるが、山本五十六連合艦隊司令長官の発明的発想による真珠湾攻撃をこの情報から導き出すことは不可能なことだ。

一一月二五日、ルーズベルトは戦争関係閣僚を集め「次の月曜日つまり一二月一日に、日本が開戦するだろう。あまり大きな損害を出さずに、日本に最初の攻撃の火蓋を切らせる立場に追い込め」と指示した。

外務省は九七式欧文印字機という暗号機（米国のコード名は『パープル』）を使用していたが、米国はこれを複製し、その情報はすでに解読されていた。しかし日本海軍の暗号の解読は、昭和一七（一九四二）年春以降である。

理論的に解読不可能と言われていた日本海軍の暗号を、米国は数学者を動員して解読したと戦後言っているが、これは現存したスパイを護るためで、実際は海軍の暗号帳と暗号機を盗み出したというのが裏の話だ。英国のウイリアム・フォーブス・センピル卿が日本海軍からお金をもらい、世界初の空母アーガスや二番艦イーグルの機密情報、着陸装置、爆弾等の情報を豊田貞次郎大佐（ロンドン駐在武官）に伝えていたことは英国諜報部MI6にかぎつけられていたが、チャーチルの友人ということでクビにならなかったがフレデリック・ジョセフ・ラトランド航空将校は退任後、三菱重工に入り多くのイギリス海空軍の情報を流し、処罰された。空母鳳翔はこの情報を取り入れたとされる。

日米スパイ合戦では、日本のスパイも優秀だった。日本の陸軍情報将校がシンガポールで床屋になり、髪を刈りながら客から情報を集めシンガポール占領を誘導した。海軍兵学校六十一期の吉川猛夫予備役少尉が森村正と名を変えて開戦前のハワイに潜み、真珠湾が見渡せる日本料亭・春潮楼から双眼鏡で、また、遊覧飛行の客として空から、真珠湾内の軍艦の艦種と数を一二月七日の真珠湾攻撃ギリギリまで、一七六本の情報を海軍軍令部に打電していた。その中の一〇月末電には「日曜日に最も多くの艦船が停泊している」という重要情報を送信している。

また、別の帝国海軍士官が日本郵船の客船船員に化け、米国から日本人引き揚げの交換船浅間丸の往路をハワイ空襲艦隊と同じ航路を走らせて、他の船に見つからないかどうかの実験航海をさせたりして、真珠湾攻撃の準備は綿密かつ念入りに行われた。

さらに、日本のスペイン大使は、スパイ活動が特に得意で、米本土海軍基地サンディエゴの教会の宣教師をスパイとし、出港前に教会の懺悔室で米水兵から貴重な情報を聞き出し、これをスペイン・マドリードの日本大使館に送り、ここの巨大アンテナで日本の外務省本省に送信していた。

■『ハル・ノート』手交と「死の静寂」

一一月二五日にルーズベルト大統領から戦争指示を受けた次の日の二六日に、ハル国務長官は覚書（ハル・ノート）を野村大使に手渡した。この内容は「日本軍のシナ大陸からの全面撤退」など日本が到底呑めない内容が記されており、これで日本は開戦を最終的に決意した。

しかしこの『ハル・ノート』よりずっと前、日本の戦争準備より遥か前から、米国は対日戦争を計画していたので、大東亜戦争は「日本が好むと好まざるとにかかわらず、起こるべくして起こった」のであることは、これまでの米国側資料でお判りいただけると思う。

さて米国では一一月二七日の統合会議で、ルーズベルト大統領に「日本の目標はビルマ、タイ、マレー、蘭印（インドネシア）、フィリピン、沿海州である。ビルマの公路、タイ、フィリピンが狙われる。我々の最も重要なことは時を稼ぐことである。陸海軍の大増援部隊がフィリピンに到達するのは時間がかかる。それまで軍事反撃しない」と説明し、一一月二七日に、真珠湾のキンメル太平洋艦隊司令長官に「この電報は日本との戦争警告である」、ショート陸軍管区司令官に「日本軍の攻撃に対し厳重に警戒せよ」と警戒命令が発せられた。つまりレインボー五号計画の実施が指令された。

しかし日本軍がいつ、どこで、どのように攻撃するかの情報は全く掴めず、これから一週間は、米国は何の手も打てず、英国のチャーチル首相は後にこの期間を「死の静寂」と述べた。

開戦当初米国は、日本外務省の暗号は解読していたが、帝国海軍の暗号は解読し切れておらず、日本が攻撃するという一般的意味での攻撃は予測できたが、一二月七日に、真珠湾であのような攻撃をされるということまでは予想できていなかったのである。

第二章　遂に開戦

■一二月七日がピンポイント

　真珠湾は浅いので、普通の魚雷は深く沈み過ぎて使えない。そのため日本海軍は、真珠湾用魚雷を三菱重工業に発注していたが、開発が遅れ、ハワイ空襲機動部隊の出撃に間に合わなくて、艦隊は出港してしまった。そのあと、ようやく開発が完成した浅海用魚雷のヒレを三菱重工の工員がハワイ空襲機動艦隊を追いかけて、千島列島のヒトカップ湾に停泊中の赤城などの空母の艦内で取付工事をした。つまり、一二月七日以前の攻撃は不可能だったのである。

　そして一二月七日より遅くなれば、北の海が荒れ、ハワイへの遠洋航海は不可能となる。攻撃日は前述の吉川情報で日曜日の早朝しかないので、一二月七日より前の日曜日も、後の日曜日も、実行不可能であった。つまり攻撃可能の最後のピンポイントの一日、これがまさに昭和一六年一二月七日（日本時間一二月八日）だけだったのだ。

　米国時間一二月七日午前七時五五分、日本機動部隊は真珠湾攻撃を開始。またたく間に米国太平洋艦隊の主力を撃滅した。

この時日本国内のラジオからは、軍艦行進曲のあと大本営海軍報道部平出海軍大佐のカン高い声で『帝国海軍は本八日未明、ハワイ方面の米国艦隊ならびに航空兵力に対し決死的大空襲を決行せり』と流れた。その声が昨日の如く今もって私の耳に残っている。

山本五十六連合艦隊司令長官の発明的発想による真珠湾攻撃計画は、大日本帝国海軍軍令部が四〇年もかけて研究した米国迎撃作戦計画を白紙にすると同時に、前述のように米国が日露戦争後、長年かけて練りに練った『レインボー計画』を瞬時に崩れ去らしめたのである。


ハーバード大学に留学した山本五十六は米国人気質をよく知っており、「騙し討ち」と言われないように開戦の三〇分前に必ずワシントンに通告するようにと外務省に厳命していた。

ところが開戦の当日、野村大使出席の葬式が長引き、また、日本本国からの暗号原文を正式文章に打つのに、タイピストではなく館員が打ったので時間がかかったとされる。近年東京からの発信も遅れたという説もあるが、いずれにしても野村大使からハルへの最後通告が真珠湾攻撃後に手交されたことは、国を滅ぼす外交的大失敗だった。今まで不問にされていた外務省の責任を問うべきではないかと思料する。

■真珠湾攻撃の評価

スチムソン陸軍長官は真珠湾攻撃を聞いて「フィリピンでなくて、ハワイか」と驚いた。と同時に「日本人が我々の問題を全部解決してくれた。米国の参戦反戦の無決定状態を終わらせてくれたので我々は助かった。そして全国民を統一できた」とやせ我慢を言ったが、ルーズベルトとマーシャル将軍が「日本をして、第一弾を発射せしむるように策動する」と述べていたとおりになってしまった。

真珠湾攻撃で米国のほとんどの戦艦など主力艦が沈んだが、ニミッツは回顧録で『第二次攻撃があれば米国にとって致命的であった。石油タンクと海軍工廠が攻撃されなかったので助かった』と述べている。米海軍は急いで艦船を修復し、燃料も残っていたので真珠湾で撃ち漏らした空母に双発のノースアメリカンB25ミッチェルを載せて東京空襲を辛うじて行った。

私は偶然、千駄ヶ谷の自宅の二階にいた時、窓の前方に陸軍九七式戦闘機が太陽の光で風防のガラスをキラリと輝かせながら宙返りして、機体を黒く塗った敵機の後部上方からタンタンタンタンと機関銃を撃ちながら襲い掛かり、敵機はヨタヨタと民家の屋根の上を遁走して行ったのを昨日のことのように覚えている。

空襲そのものの被害はほとんどなかったが、当時インド洋にいたため東京空襲を防げず面子を潰された帝国海軍連合艦隊がミッドウェー作戦を急いだ。しかし準備不足と、開戦以来連戦連勝で慢心して偵察が疎かになり攻撃準備が間に合わなかったため、思わぬ損害を被るという結果につながってしまった。

このミッドウェー海戦については海戦中に山本長官が戦況と時計を見て「雷撃機　攻撃機を直ちに発進させせよう」と渡辺安次戦務参謀に言ったが、渡辺参謀は「作戦命令書の紙に書いてありますからその必要はありません」と言って山本長官の命令を南雲長官に命令しなかった。

結果として南雲長官の判断で艦載機の発進が遅れ、日本の進撃が止まるターニングポイントになった。この山本司令長官の命令を抑えたことを渡辺大佐は終戦後、水交会での海軍OB会で私に会った時に「一〇〇パーセント勝てる戦を勝てなかった責任は私にある」と嘆き、死の最期まで悔やんでいた。

日本海軍は真珠湾勝利のわずか二日後にマレー沖でプリンス・オブ・ウェールズとレパルスを撃沈し、次いで翌四月五日、インド洋で英国東洋艦隊を撃滅した。同年五月七、八日、珊瑚海海戦でも米空母二隻を撃沈し勝利し、同年八月九日の第一次ソロモン海戦で米軍艦六隻のうち四隻を撃沈し大勝利した。同年一〇月二六、七日の南太平洋海戦でも米空母は沈み、日本軍艦は一隻も沈まず勝利した。同年九月一五日には海軍兵学校五十一期の木梨鷹一少佐の「イ19」潜水艦が一隻で空母ワスプ、戦艦ノースカロライナ、駆逐艦オブライエンを同時に撃沈した。翌年四月七日から一六日までの山本五十六指揮による『い号作戦』でも敵艦敵機を多数撃沈撃破して勝利した。

このように山本司令長官は百戦百勝だったので、米軍は山本長官を殺せば勝てるのではと考えた。待ち伏せすれば日本海軍の暗号を米国が解読していることが日本側に判ってしまう。しかしそれを犠牲にしても山本長官暗殺を実行した。

ヒットラーの信頼が厚かったベルリンの日本大使・大島陸軍中将からの日本への報告は、外務省の暗号が連合国で解読されていて『オオシマ情報』としてヒットラーの行動を知る貴重な情報源となっていたが、日本政府は大島大使の「ドイツが勝っている」との報告をずっと信じていた。

私が疑問を持って、日米開戦の日本時間昭和一六年一二月八日時点の欧州戦線状況を調査したところ、驚くべきことにその日一二月八日はドイツ軍がソ連とのスターリングラード攻防戦で撤退を始めた日だったのである。大島大使がヒットラーからの「勝った勝った」

の情報を鵜呑みにせず、自分で前線に出向き視察すれば、独軍敗退の事実が判り、この情報を日本に送っていれば日本は対米開戦に踏み込まなかっただろう。

戦時中、私は最後の帝国海軍将校生徒として舞鶴で猛訓練に明け暮れていたが、四三分隊に篠田雄次郎という同期生がいた。篠田君はドイツのケルン大学に留学し、上智大学教授になった。当時、競艇をやって非常に利益を得ていた日本船舶振興会の笹川良一理事長が世の中への還元ということで日本にもノーベル賞を創ろうと笹川賞を設立し、私はその受賞の栄に浴したが、篠田君はその日本船舶振興会（現日本財団）の理事長になり、私が会長を務める世界天才会議の設立にも補助金を出して協力してくれた。

篠田君はいつも手放さなかったドイツ・ワインのグラスを片手にじっと私の目を見ながら「君が連合艦隊司令長官だったら、真珠湾攻撃はしなかっただろうね」としみじみ語った。

■一二月七日ショックのあとの米国

ルーズベルト大統領は冒頭の『INFAMY』議会演説を行い、予期せぬ真珠湾攻撃で驚いた米国は戦前の有名な『日米もし戦わば』の本で書かれているように、「日本軍はサンフランシスコに上陸する」と判断した。西海岸の日本人はとんだトバッチリを食い、彼らは土地財産を没収され、山奥の収容所に追いやられた。人種差別があったにせよ、同じ敵国でもドイツ人とイタリア人は収容所送りにならなかったのは、いかに真珠湾の衝撃が大きかったかが判る。

さらに米国は山奥に収容した日本人に対し「東條首相から来た」というニセの手紙を見せ、「この手紙には、諸君日本人は武士道を持て。武士道とはその国、つまり米国に忠誠を尽くすことである。と書いてあるぞ」と説得し、これによって収容所の二世（息子）が親を米国で護る意味でも徴兵に応じ、四四二部隊が結成された。この四四二部隊を太平洋戦線に投入すると、日本軍に寝返ると疑われ、欧州戦線で戦わされた。この二世部隊はダッハウのユダヤ人収容所を解放して、死の寸前の五〇〇〇人のユダヤ人を初めてドイツから救ったので、今でもユダヤ人は日本人に感謝している。四四二部隊はその後、難攻不落で連合軍が陥落できなかったイタリア北部とドイツとの国境にあるドイツ軍要塞攻撃を命令された。急角度の険しい山岳地帯をよじ登り、仮眠中のドイツ兵を襲って連合軍が一ヶ月かかっても陥落しなかった要塞をわずか三二時間で陥落させた。そしてこれがドイツ軍が敗戦し降伏するきっかけとなった。四四二部隊は一八〇〇〇人のうち一四〇四人が戦死した。

ミッドウェー作戦の一環として、米国のレインボー計画のアリューシャン・アラスカ防御軽視を逆手にとり、山本五十六の立てた陽動作戦であるアッツ島（陸軍が上陸）、キスカ島（海軍が上陸）の占領は「アリューシャン列島を島づたいに渡って米国本土に日本軍が襲ってくる、と全米国民の背筋を凍らせ真っ青になった。米軍も大慌てだった」と米本土防衛司令官が終戦後、私におどおどした表情で直接語った。ちなみにキスカ島占領の全海軍将兵は、敵の目を盗んで全員無傷で生還した。

島つながりの話として、ペリリュー島守備隊の主力は日本陸軍の歩兵第二連隊で、上陸軍ニミッツ提督が「米国の歴史におけるほかのいかなる上陸作戦にも見られなかった最大の損害比率四〇パーセントを蒙った」とアナポリス海軍兵学校で教えている。

そしてペリリュー島には「諸国から訪れる旅人たちよ。この島を守るために日本軍人がいかに勇敢な愛国心をもって戦い、そして玉砕されたかを伝えられよ」とのニミッツ提督の言葉の碑が建っている。

日本陸海軍は右のように勇敢で強く、しかもフェアだった。

日露戦争でもロシア人捕虜を愛媛県など二九ヶ所に七万人を収容したが、フランス外交団が同盟国ロシアに代わり捕虜の人道的扱いを定めたハーグ陸戦条約遵守状況を日本国内で監視し、日本は捕虜を「厚遇」していると報告している。

また、第一次大戦でのドイツ人捕虜も日本は厚遇し、収容所内で自由に演奏会など行わせ、これが日本で初のベートーベン第九交響楽の演奏と言われる。大東亜戦争でも日本軍は軍律厳しくフェアに戦った。

昭和一七（一九四二）年二月二八日インドネシア、スラバヤ沖の海戦でも日本海軍は圧倒的に勝ったが、沈められた英国海軍駆逐艦エンカウンターに乗っていたサムエル・フォール少尉など四〇〇名が海に投げ出され漂流していたところを通りかかった工藤俊作艦長の「雷《いかづち》」がわざわざ停船し、自分の部下二〇〇人で艦が一杯なのに敵兵四〇〇人を救い上げ、ベッドと食事を与えた。助けられたサムエル・フォール少尉は後に、私と同じサーの称号を持つ英国の外交官となり、スウェーデン大使となったが「自分が死ぬ前にどうしても一言お礼が言いたかった。我々を救うために飛行機や潜水艦が攻撃しているかもしれないのに、工藤艦長は漂流していた我々を見て停船を命じ我々を救ってくれた。立派な日本の武士道を目の当たりにしてこの御恩をこの年になっても一夜も忘れたことはありません」と工藤海軍中佐の眠るお墓参りのため八四歳の高齢で来日した。

このように日本海軍は紳士的であったが、これに対し米国海軍は海上に漂流する日本将兵を一人残らず撃ち殺したという。

一二月九日、ノックス海軍長官は、真珠湾の損害を調査。
一．防衛失敗の原因調査の査問委員会設置
二．キンメル艦隊司令官を解任し、キング提督とする
三．海軍システムを改編し、太平洋はニミッツ提督とする
昭和一七（一九四二）年、二一七三ページの敗因報告書を作成し、キンメル大将と、ハワイ軍管令司令長官ショート陸軍中将が「職務怠慢、判断の誤り」の責任で解任。両名とも「少将に降格」され、昭和一七年二月「退官」させられ、軍法会議にかけられることになった。一方、ルーズベルトは、責任なし、と歴史が捏造された。

昭和一九（一九四四）年二月に、ノックス海軍長官は真珠湾責任者の調査を、昭和一九年六月には、米国議会が調査を命じた。その結果「ハル国務長官、マーシャル参謀総長、ジェコー陸軍戦争計画部長、ショート司令官に責任がある」として従来の結論を覆した。

しかし、いずれもルーズベルトの責任には手をつけず、ここでも歴史の捏造が横行した。

しかし英オックスフォード大学の歴史家チャールズ・A・ビアード（一八七六～一九四八）の一九四八年の著書『ルーズベルト大統領と一九四一年の戦争の到来』で「第二次世界大戦は、日本には非がない。ルーズベルトは中立と孤立主義を一九三七年一〇月の演説

で放棄し、対日戦争を計画し、真珠湾攻撃の一年前の一九四〇年一〇月八日、日本との戦争に具体的に言及しているのに、国内向けにはそれを否定し、二枚舌の発言をしている」と捏造の歴史を書いている。

昭和二〇（一九四五）年一一月、上下両院で調査が行われたが、キンメルとショートの名誉回復はされなかった。

昭和二四（一九四九）年、大統領令『軍事人事法』ですべての軍人が降格を免れたが、キンメル、ショートの二人だけが除外され、降格されたままだった。

平成七（一九九五）年、ドーン国防次官が調査し「十分な情報を与えなかったワシントンにも責任あり」とし、ルーズベルトによる歴史の捏造を認めた。

平成一一（一九九九）年、共和党ロス上院議員など二〇名が、キンメルとショートの名誉回復決議案を上院に提出したが「これを認めると責任がルーズベルトになり、ひいては民主党に不利になる」と民主党が反対し、上院は通過したが当時の民主党出身の大統領は署名せず、再び歴史の捏造が固められた。そしてキンメルとショートは今もって名誉回復されていない。

真珠湾での負け戦の言い訳から始まった米国の近代戦争。オレンジ計画では日本本土への上陸は不可能と判断していた米国が、もし本土決戦をすれば、米国は負ける可能性が大きかった。

終戦の時、私が体験した事実として日本は負けていなかったのに天皇陛下の御命令に従い終戦した。日本を攻めあぐねたトルーマンが一人相撲で捏造したポツダム宣言で純真な日本からうまく終戦を引き出し、実質的には『国体護持など条件付き和睦』なのに、これを日本の無条件降伏と歴史を捏造した。そしてポツダム宣言では「捕虜の早期帰還」と約束していたのに、関東軍の精鋭六〇万人の将兵が不法に拉致されスターリンは「タダの労働力を得るため」と「日露戦争の仇討ち」と称して帰国させると騙して貨車に乗せ、極寒、飢餓、重労働に何年も苦しませた。望郷の念に駆られつつ、異国の凍土の地で奴隷の如くこき使われ、苦しんで亡くなられた誠忠の将兵の無念の死を思うと、あのような終戦にせず、心ゆくまで思う存分祖国のために戦いたかったのではないか、と涙する。

第三章

本土防衛体制の真実

昭和一六（一九四一）年、日本はA（米国）、B（英国）、C（チャイナ）、D（オランダ）に包囲され、日本への石油、鉄くずなどの輸出が禁止され、さらに米国などの日本の海外資産は没収され、このままでは国が滅びる状態となった。

そこで昭和一六年一二月八日に大東亜戦争（太平洋戦争ではない）を開戦し、直ちに米国太平洋艦隊をほぼ全滅させ、次いで英国東洋艦隊を全滅させ、さらにオランダ艦隊も全滅させた。チャイナは元来海軍はなきに等しく問題にならなかった。

このようにして日本の勢力範囲は歴史上世界一の最大の大国となった（次ページ地図）。この大勝利した大国が、なぜ終戦したのか。もちろんこの〝終戦〟は日本人全員が意外なことであった。〝終戦〟を敗戦と言い換えだしたのは終戦後の洗脳された人々である。

■体験者しか知らない〝終戦〟の事実

昭和二〇（一九四五）年八月一五日正午、その日は天文台（戦後は気象庁）によると三三度で特に暑かった。突然「第二種軍装（夏用麻製仕立）ノ正装ニテ至急整列スベシ」との館内モールス信号で校庭に集合し直立不動で汗を流しながら待つ我々帝国海軍機関学校

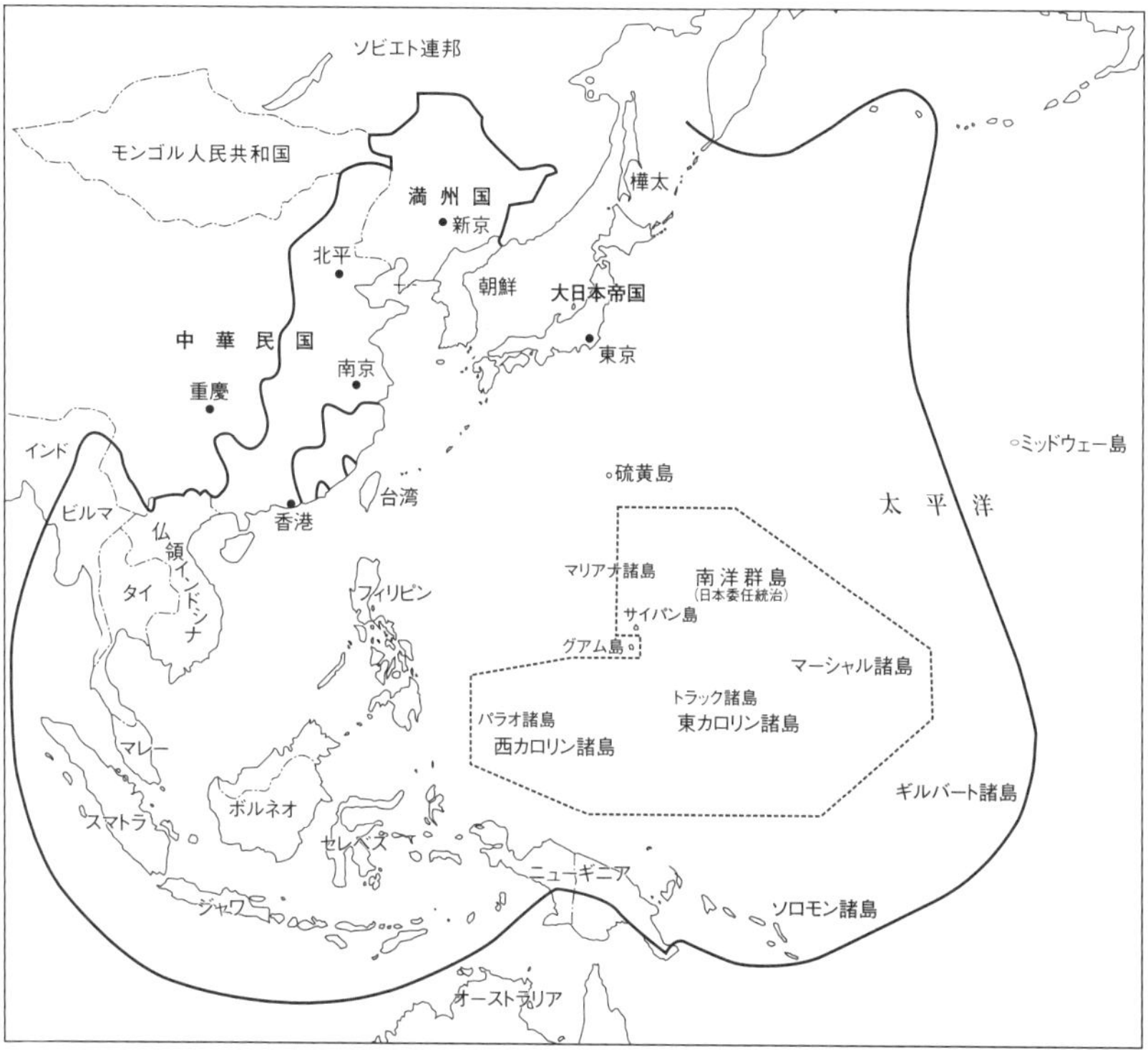

大日本帝国の領域（1943年）

最後の海機五十八期生（昭和二〇年に海軍兵学校七十七期生と合併）である私は、最後の帝国海軍将校生徒として整列しラジオから流れる玉音放送を聞いた。

海軍機関学校の入学試験の体格検査で七五センチだった胸囲が、入校後の猛訓練と猛鍛錬でわずか三ヶ月で一〇四センチになっていた。巨大な胸が歴史上初めての玉音放送に大きく高鳴った。

しかしラジオの雑音が多く、よく聞き取れない。

「本土決戦が近いので頑張るようにとの天皇陛下御自らの激励のお言葉」と全員が受け取った。当時の日本人は全国民が「歴史上敗れたことがない神国日本は最後には必ず勝つ」と信じており、全国民誰一人として日本が負けるなどと考える者はいなかった。特に軍は全軍士気旺盛だった。

現に私のいた舞鶴軍港は二四時間軍艦を造るリベット音が絶えず、食糧、武器、弾薬が豊富で、いつでも敵を迎え撃つ準備が連日連夜進められていた。

原爆研究については陸軍が東京帝大の仁科博士と理研に開発を依頼した『二号研究』（海軍は京都帝大と「F研究」）として行い、濃縮ウランは海軍が潜水艦でドイツから運ぶ手配がされ、できた原爆の第一弾をハワイに落とす作戦を杉山参謀総長は陛下に上奏したが、陛下は「原爆という非道なものは使うべきでない。特にハワイには日本人が多いので却下する」となり、杉山参謀総長は解任され、東條首相が参謀総長を兼務することになった経過がある。

　このように、非人道的爆弾と陛下が認識されていたものを日本に落とされたのだから、陛下の衝撃は大きく、終戦する一つのきっかけになったと思われる。

　しかし杉山参謀総長は、原爆開発を継続したのだ。軍人は戦争に勝つために打てる手を全て打とうとする。しかしそれは陛下の御意向に反しているので原爆を造って勝っても、原爆を造らずに敵に原爆を使われて負けても、いずれの場合にも杉山参謀総長の責任なので切腹すると誓い終戦直後に切腹した。

　元来日本は武士道を基に戦争を行ってきたのである。陛下は米の原爆に対し非道だと禁じた原爆で日本が撃ち返したのなら「人類の文明が滅亡する」と終戦を御聖断された。米が原爆を落とせば日本もこれに応じて米に原爆を落とす。このことによって日米の多数の人が死に、この原爆戦争が世界に及び世界中の人が死ぬ。これを防ぐために米が日本に原爆を落とした時点で終戦にされたのであって、日本が原爆を落とされたから、または負けたので終戦にしたのではない。日本は負けていないのに終戦したのである。

　これを文章にしたのが終戦の詔勅『敵ハ新ニ残虐ナル爆弾ヲ使用シテ頻ニ無辜ヲ殺傷シ惨害ノ及フ所　真ニ測ルヘカラサルニ至ル而モ尚　交戦ヲ継続セムカ　終ニ我カ民族ノ滅亡ヲ招来スルノミナラス　延テ人類ノ文明ヲモ破却スヘシ斯ノ如クムハ朕何ヲ以テカ　億兆ノ赤子ヲ保シ　皇祖皇宗ノ神霊ニ謝セムヤ』であって、終戦の理由は戦争に負けたからではない、という意味であることを読み取ってほしい。

■ニューヨーク突撃隊　発進寸前

翌日の八月一六日には帝国海軍航空隊「深山」「連山」によるニューヨーク突撃大作戦が予定されており、その猛訓練が北海道千歳で行われていたことを陛下はご存知なかっただろう。

この作戦が実行されていれば、ドゥーリトルの東京空襲によりミッドウェー海戦の日が繰り上がったのと同じに、米軍は一〇月予定の本土決戦を急遽九月に繰り上げた結果、天候の条件も加わり日本が勝利する展開になったのではないか。

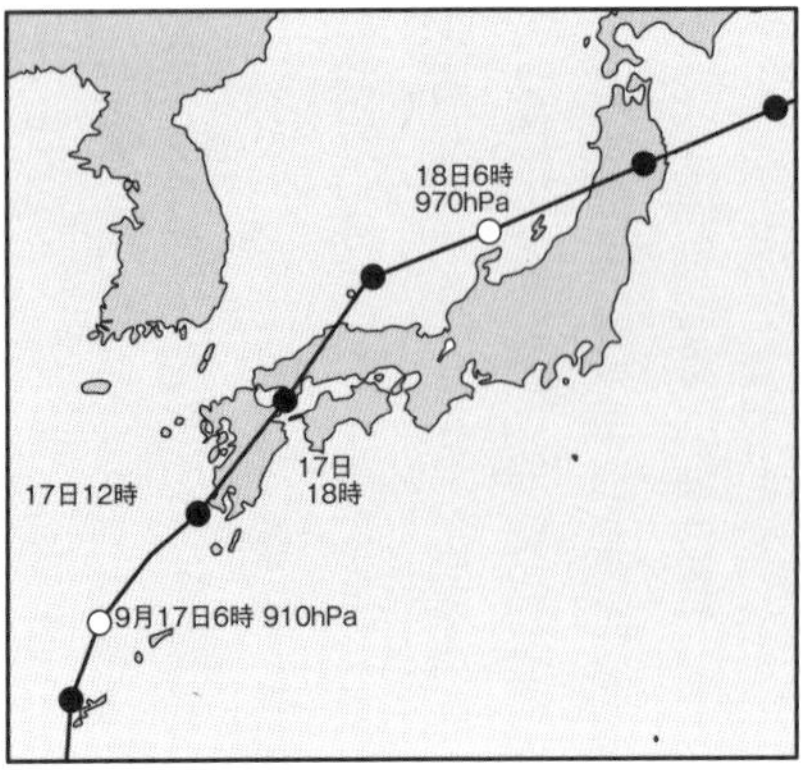

枕崎台風の経路図（1945年９月17〜18日）
連山、深山のニューヨーク突撃により、連合軍の日本上陸は９月に早まっていたであろうが、この大暴風により元寇と同じく連合軍の上陸用艦船は粉々に砕け散っていたはずだ。

■米軍オリンピック作戦と日本陸軍決号作戦

日本本土上陸のXデー（一一月一日）には、米軍第三上陸部隊（第一一軍団、第一機甲師団、第四三歩兵師団、アメリカル師団、計一一万二六四八名）が内之浦（別名有明）に、第五上陸部隊（第五水陸両用軍団、第二／三／五海兵師団。九万八八一四名）は串木野、そして第七上陸部隊（第一軍団、第二五／三三／四一歩兵師団、九万三二六六名）が宮崎正面にそれぞれ上陸を命じられていた。

このほか上陸予備部隊（第九軍団、第七七／八一／九八歩兵師団、七万九一五五名）は一一月五日以降に上陸予定となっていたが、うち二個師団は「Xマイナス－《マイナス》2デー」には四国方面で、日本側に進攻目標と時期の判断を誤らせるための陽動作戦を展開することになっていた。さらに増援部隊（第一一空挺師団、一万四六四一名）も、「X＋《プラス》22デー」以降に行動を開始すべく控えていた。

この米軍のオリンピック作戦に対応して、日本陸軍は『決号作戦』の準備を行っていた。しかも準備態勢は、驚くほど正確な米軍情報キャッチに基づいて進められていた。日本側は単に秋に九州上陸ばかりでなく、翌年春の関東上陸も的確に予測していた。わずか二、三の上陸地点や日時のずれがあったほか、まるで日本軍は『オリンピック作戦』を一部米軍から取り寄せたのではないかと思わせるほど、米軍の手の内を読んでいた。

日本軍の兵力は約七〇〇万人、うち半数以上は朝鮮、シナ、満州を中心とした海外にあり、残りが国内にいた。つまり、本土防衛の任に当たる兵力はおよそ二四〇万人。これに加えてざっと二八〇〇万人の国民義勇戦闘隊が控えていた。

これらの兵力は第一、第二総軍として本州と九州にそれぞれ配置され、うち第二総軍は畑俊六元帥を司令官として司令部を広島に置き、本州西部から四国九州にかけての防衛にあたった。

九州は第一六方面軍の管轄下に置かれ、横山勇陸軍中将がその司令官に任命された。米第六軍に対抗するこの第一六方面軍は、それぞれが米側の軍団編成に近い第四〇、第五六および第五七軍からなっていた。八月の時点における同方面軍の兵力は、一五個師団を中心とした編成による約七五万人で、決戦の時期までには九九万人に達する見込みだった。また、第一六方面軍には約一〇万二〇〇〇頭の軍馬、車両九万八〇〇〇台と弾薬多数が準備される計画だった。

陸軍参謀本部は六月の兵棋演習で、米上陸部隊の約三分の一を海上で捕捉殲滅し、上陸時に海岸線の防御陣地と砲撃により一五ないし二〇パーセントを叩いて上陸第一波を撃退しうるとの見通しを立て、軍首脳部はこの最小限の目標達成に自信を持っていた。

また、日本軍参謀は、米軍が上陸に先立ち日本側の特攻兵器と基地、上陸予定地域周辺を徹底的に叩いて前線各部隊間の連絡を断って孤立化をはかるものと予測した。そこで主要目標となるものは、すべて攻撃側の目から遮蔽されるように工夫し、沿岸地帯には蜘蛛の巣状の防御陣地が張りめぐらされた。自然の洞穴は必要に応じて拡張され、新たにトンネル陣地が丘陵の斜面や沿岸の地下に縦横に掘削されていた。

タコツボや機銃座などは、鉄道床や田圃の畦の陰に深く掘られてつくられた。沿岸一帯には、戦車に対して肉薄攻撃をする伏兵用のタコツボが多数掘られた。丘陵を利用した横穴式陣地のなかには、数階層をかさねたものもあった。また、野砲を封じた洞穴は、後方で他の穴に通じ、内部で砲の移動ができるようになっていた。弾薬の補給も、地上へ出ることなくトンネルを利用してできた。洞穴やトンネルの入口のなかには、鉄戸をそなえたものもあった。コンクリートの銃座が各要所に構築され、それぞれがトンネルで観測所、弾薬庫、部隊と連絡できるように設計されていた。さらに鹿屋基地などには、コンクリートの航空機掩体壕や地下格納庫まで設けられていた。

志布志湾正面の防御態勢は、とくに念入りに構築された。というのも志布志湾正面が、上陸作戦全体の「要」と見做されたからで、湾口側面の断崖に掘った横穴には、魚雷発射管まで据えられていた。湾に面する港町の志布志には、鉄道駅の背後に格好の丘陵があり、横穴式拠点におあつらえ向きの地形だった。また、海浜に近いところにある砂丘の起伏は、湾に向けた観測所や水際陣地に活用された。さらに湾岸から五キロメートルの湾内になる枇榔島には、上陸した敵の背後を襲うために湾岸に向けた砲座が構築されていた。串木野や宮崎方面と同じように志布志正面においても四重の防御線がしかれ、第一線は水際に掘られた射撃壕、第二線は砂丘後方の要塞化陣地で四方からの攻撃に対応できるもの。第三防御線は海岸地区を出たところに張りめぐらされた、第二線以上に強化された拠点で歩兵一〇〇〇名、砲、迫撃砲、対戦車砲が配置される規模になっていた。第四線は、米軍の艦砲射撃の射程からはずれたあたりに布陣された砲兵陣地である。

このうち第一線から三線までは随所で前後の連絡トンネルがつながる設計で山手の主要防御線からも砂丘陣地や射撃壕に連絡する交通壕が通じており、前線の増援にも利用可能だった。

これら四重防御線と平行して、上陸用舟艇や戦車に対する障害物も設置された。海岸の松林の樹木はすべて海へ向けて『へ』の字に追って倒され、竹籠に石を詰めた重しをつけた丸太が岸辺の海面を覆い、浅瀬の海底には鉄道線路を分断して曲げたものが埋められ、上陸用舟艇の底を傷つけるようになっていた。このほか堤防や鉄道床はすべて斜面を垂直に切り落として、車両の前進に障害となるなど、効果的な防御線が築かれていた。

一方、米軍が最も恐れ警戒したのは特攻隊で、日本軍は本土決戦に約一万一五〇〇機を投入する計画を立てていた。これら特攻機には製造が容易で燃料消費の少ない『剣』三〇〇〇機や、『橘花』、『桜花』などが含まれていた。また、布張り木製機も使われたのでレーダーに捕捉されないので敵艦に至近距離まで近づける。そのため六〇パーセントという高い命中率だった。海上特攻には、船首に爆薬に装備した特攻艇『震洋』と陸軍の装備した連絡艇計三八五〇隻が用意され、水中特攻として小型特殊潜航艇の『海龍』、『蛟龍』、『回天』。水中で待ち伏せして頭上を通過する上陸用舟艇の底を棒付き地雷で破壊する『伏龍』要員（主として予科練出身者）約二〇〇〇名が待機していた。これら特攻兵器の大半を南九州沿岸に実戦配備し、残存する大型潜水艦を敵の洋上補給攻撃と長距離哨戒に、中小型潜水艦を近海の哨戒任務にあたらせ、海軍の偵察機が沿岸海域警戒する計画になっていた。特攻作戦では一〇日間にわたり航空特攻を展開し、水中特攻の第一波は特殊潜航艇、第二波では『回天』と『震洋』が出撃する予定だった。また志布志湾および宮崎方面の米軍船団に対する夜間攻撃には、駆逐艦が『回天』発進後に突進し、そのあと全艦が敵輸送団に突入する計画だった。

日本軍は、昭和二〇年三月からはじまった大動員で、予想以上に早く五〇師団、八〇万の兵士が集められ、最終的には二四〇万の兵に膨れ上がった。

いつどこに敵が上陸するか、日本陸軍参謀本部と海軍軍令部の想定は、時期は九月または一〇月、上陸地点は九州南部（陸軍作戦名『決号・第六号』、海軍作戦名「天号」。さらに翌年関東の九十九里浜に上陸）。この日本軍側推定は米軍上陸作戦計画（米軍名『オリンピック作戦』（九州）、『コロネット作戦』（関東）の『ダウンフォール作戦』）とピッタリ一致して、日本は見事米軍の動きを見透していた。

陛下は侍従武官を九十九里浜に遣わして防衛体制を調べさせたが侍従が「防衛は全くされていません」との報告をお聞きになったことが終戦を決断された一因と伝えられる。この時九十九里浜で訓練していた三〇〇〇人の『伏龍』隊は、シールドに隠れていて侍従武官に見えなかっただろうし、また、米軍は九州を先に攻めると想定されたので、日本軍の陣立は九州南部を先に固め、そのあと九十九里を固めようとしたのであるので、陛下に上奏された終戦を決定する情報の一部に重大な誤りがあったのは残念だ。

これは開戦時の宣戦布告をワシントン大使館の怠慢により米国務長官への提出が遅れ、日本の騙し討ちという口実を与えてしまったことと同じくらいに大きなミスだ。

第四章

本土決戦で日本は勝った

本章では、本土決戦の火蓋が切って落とされた後をシュミレーションしてみよう。

まず米軍は上陸地点の南九州に原爆を落とすだろう。しかし陸軍参謀本部堀少佐率いる特殊情報部が原爆コールサインを五時間前に傍受していたので、近くの海軍大村基地の『紫電改』が発進し、B29を太平洋上で撃墜。ついで艦砲射撃するため日本に近づいた米軍の日本本土上陸作戦に対する日本軍の準備は、完成した三〇〇〇機の特攻専用機『剣』が、上陸しようと集まった敵艦艇に突っ込み、多くの敵艦を撃沈撃破する。種子島海軍機関大佐が開発し石川島重工業製の世界初のジェットエンジン搭載の双発ジェット戦闘機『橘花』もこれに続く。水中からは一〇〇〇隻の特殊潜航艦『蛟竜』（海軍兵学校校歌「江田島健児の歌」の地に潜む〝蛟竜〟からとった名）から泡の航跡が全く残らない日本海軍の世界に先駆けて開発した九三式酸素魚雷が発射されて、敵艦艇は次々に轟沈する。この猛攻撃からしぶとく残った敵艦に対し、岩陰に隠れていた海軍兵学校六十九期満野功大尉率いる第六七震洋隊（江ノ浦―静岡三津浜）など三〇〇〇隻の『震洋』爆突特攻艇が、轟々と暁に発進し残る敵艦や上陸用舟艇に勇猛果敢に体当たり。それでも残る敵艦艇からかろうじて発進した敵の上陸用舟艇に対しては、波打ち際の水中に展開する五式撃雷を待って潜む予科練出身者や海軍陸戦隊古兵の精鋭から成る三〇〇〇人の『伏龍』隊が上陸用舟艇を爆沈させて波打ち際に寄り付けないようにする。それでもかろうじて上陸した敵兵を五重の陣地で固めた世界最強の本土決戦部隊が米戦車より強力な新開発五式重戦車と共に待ち構える。敵戦車に対しては最新鋭の帝国陸軍『ロタ砲』で、敵戦車M2を遠方から撃破し、さらに敵が近づくと『櫻弾』で厚い装甲を撃ち破り、もっと近づくと決死隊がチビ（ガラス球に入った青酸ガス）を戦車のスリット窓にぶつけて操縦者の目潰しをし、次にキャタピラ破壊扁平爆弾を敵戦車のキャタピラの下に挿入してキャタピラを破壊し、敵戦車を動けなくし、止まった戦車本体の下に戦車爆雷を挺身突撃隊が放り込んで擱座させる。

一方、上空の敵機には大東亜戦争決戦機として開発された世界最強（戦後米国の実験で時速最大六九〇キロメートルを記録し、最高傑作機と評価された）の中島飛行機製二〇〇〇馬力四式戦闘機『疾風』や零戦の次世代戦闘機堀越二郎設計の三菱製『烈風』が敵グラマンF6F、ノースアメリカンP51を次々と撃ち落とす。さらにB29キラーとして海軍空技廠が設計した九州飛行機先尾翼型機首に強力五式三十粍固定機銃四門搭載の「震電」が時速七〇〇キロメートル以上という、米軍戦闘機B29より速い世界最速スピードで敵戦闘機に追い付き敵機を一撃で撃墜する。

また、B29前方上空に廻り込んで四門の砲でアッという間にB29を撃墜する。

種子島海軍大佐が開発し石川島重工業製の世界初のジェットエンジン搭載の双発ジェット戦闘機『橘花』もB29やムスタング戦闘機を攻撃。甲液「過酸化水素オキシキノリン・ピロリン酸ソーダ」と乙液「水加ヒドラジン・メタノール・銅シアン化カリウム」を一〇〇対三六でミックスした驚異の推進力で一万二〇〇〇キロメートルの成層圏まで従来型の飛行機では十数分かかったのをわずか三分五〇秒で急上昇できる時速九〇〇キロメートルの画期的無尾翼型ロケット戦闘機『秋水』がその先頭部に搭載する強力三〇ミリ機関砲二門が火を吹きボーイングＢ29を一撃で次々と撃ち落としていく。

また、陸軍四式重爆撃機に一五〇ミリ野戦砲を積んだ空飛ぶ大砲がドカンとＢ29の編隊群に炸裂する。運よく残ったＢ29も新開発の二万メートルに達する五式新高高度高射砲で撃墜されていく。

だがこれら最新戦闘機を動かす燃料はどうするのか？

そもそも大東亜戦争が始まったきっかけは、軍艦や航空機に必要な石油を米英蘭三国が対日輸出禁止にして日本経済を窒息させようとし、これに対してワシントンに交渉を行った甲案提示の野村海軍大将（大使）と東郷外相の秘策乙案を持った来栖大使が追いかけて米側と交渉。ほぼ米国が合意し日米和平が実現しようとしたのに対し、その翌日引っくり返り「日本の全権益放棄と支那大陸からの日本陸軍の全面撤退」を要求する蒋介石の言い分を通した文章を共産主義者でソ連のスパイであったハリー・ホワイト財務次官補が草稿を書き、ハル国務長官がそれに署名した『ハル・ノート』の回答だ。これでは日本は到底合意できないので日本が大東亜戦争を始めたというのが第一の理由だ。

■最近のバイオ燃料はすでに終戦直前に開発されていた。

大東亜戦争を始めた大きな理由の一つになった燃料封鎖だが、この対策については、私の先輩で一〇〇歳の長寿を全うした帝国海軍機関学校第四十期生木山正義機関中佐と、また、私の先輩東京帝国大学工学部桑田勉教授の研究により南方からの油を頼ることなしにパイン・ルート・オイルから終戦直前一〇年分の燃料を創り出したのだ。これに加えてさらに、太陽と水と大地があれば永久に生産できるバイオ燃料を創り出すことに成功した。

しかも空襲に耐えるため蒸留工場を全国に分散して建設し、製造した。この蒸留装置製造を実現できたのは海軍艦政本部が木山中佐の依頼に全面的に協力し蒸留装置を急速に造り全国に設置したからである。これで日本は永久に戦える燃料を終戦前に用意できたのである。

本土決戦では日本は必ず勝つとすべての陸海軍参謀は確信していた。一方、米国軍上陸攻撃隊司令官は戦後日本軍の陣立てを見て驚嘆し「米軍は上陸に三回失敗しただろう。上陸に三回失敗すれば米軍の戦力はほとんど消耗し、戦争はベトナム戦と同様な状態となり、米国国内で戦争反対の世論が起こり、ベトナム戦で米軍が負けたと同じく米軍は日本から敗退せざるを得ない。もはや戦えないので日本に和睦（降伏）を申し出るしかなかったであろう」と述べている。

一方、昭和二〇（一九四五）年五月にベルリンに居た藤村義朗海軍中佐がスイスでルーズベルトの代理人キャノンと交渉し、米側は「満州、朝鮮、樺太、千島列島（北方領土）は日本に残す。台湾は蒋介石と交渉してくれ。この条件で停戦しないか。和睦は急いでやりたい」と驚くべき提案をして来たが、海軍軍令部はこれを受けなかったと藤村中佐自身から私は聞いた。そして「キャノンがばかに急いでいた。その理由が判らなかった」といっていたが、私の調査によると、当時ルーズベルトは死の直前の床についていた。ドイツが降参し「ルーズベルトは、死ぬ前に日本との戦争をやめることが戦争を始めた者として考えたに違いない」というのが私の新説である。だから「この藤村和平は日本の最後の対等和平のチャンスではなかったか」というのが私の新説である。もっとも日本軍が破竹の勢いでシンガポールを占領した時、英国から極秘で和睦の打診があったのを、勝ち誇る日本陸軍が断ったというのももったいない話だったが。

ポツダム宣言を発した米国大統領トルーマンは、急死したルーズベルトから戦争を引き継いだとき「日本の国土の平野はわずか一四パーセントしかなく大部分は山林などであり、攻めるのが非常に困難な地形である。しかも廻りは海で近づきにくい〝不沈空母〟である。地形のみならず無傷の七五〇万の世界最強（マッカーサーが議会で証言）の日本陸軍が本土と東南アジアに展開し、この敵とどう戦いどうやって打破することができるか見当もつかない」と溜息して日記に書いている。

実は日本を空襲したB29から「米国は鉄が不足して船をコンクリートで造りはじめたり、男のパイロットが不足して女が飛行機に乗ったりして米国は青息吐息だ。日本人よ、もう少しで米国が参るから、ガンバレ」というビラが撒かれた。恐らく乗っていた日系二世が日本上空から撒いたと思われる。

ルーズベルト大統領から戦争を引き継いだトルーマン大統領は、日本を降伏させるのは不可能で、どうにも打つ手がなく、手づまりだから『ポツダム宣言』というフェイントのような宣言を出した。これはまた、原爆投下をする言い逃れにもしたのである。

なぜフェイントのようかというと戦後、米、英、支のポツダム宣言の書類の実物を見ると、トルーマン大統領しか署名していないことが判った。英国もシナも署名していなかった。これから見るとトルーマン大統領の一人芝居だったことが史実として判明した。そしてドイツ攻撃用に急いで実験的に作ったファットマンとリトルボーイの一つずつの二つしかない原爆を投下し、同時に数百個の原爆があるとウソの宣伝をして日本をおどした。

このフェイントのようなものに、まんまとお人よしの日本政府は引っ掛かってそのままのんでしまった。これにはろくな返事も来ないだろうと思っていたトルーマン大統領自身もビックリしたことだろう。

第五章

終戦時の絶対不敗の日本本土決戦部隊

前章で、もし本土決戦に突入した場合の日米双方の動きを予測してみたが、日本側の動きを裏付ける本土防衛体制の詳細について、本章で記したいと思う。

■帝国陸軍

まずは陸軍を見てみよう。

終戦時、日本にはこのような強大な、軍団が健全で士気旺盛で決して負ける状態ではなかった。米国が日本軍を敗戦させるのは不可能だった。

陸軍の主な編成単位は「総軍」「軍」「師団」「旅団」「連隊」「大隊」「中隊」「小隊」「分隊」がある。

また「師団」を統括する「集団」「兵団」など、戦局に応じて様々な編成が行われた。

陸軍部隊の開戦時の部隊数と終戦時部隊数を比較すると次のようになる。

	開戦時	終戦時
師団	五一個	一七三個
軍	二二個	四八個
方面軍	一個	一七個
総軍	二個	六個

昭和二〇（一九四五）年二月以降、本土決戦に備えて新たに一六個師団が誕生し、続いて四月に八個師団、さらに五月には一九個師団が急造され、関東、九州の沿岸に配備された。

詳細な編成は次のとおりである。

終戦時の陸軍部隊編成概要

部隊名（作戦地域）

- 大本営
  - 第一総軍（東日本）
  - 第二総軍（西日本）
  - 第五方面軍（北海道）
  - 第十方面軍（台湾・沖縄）
  - 小笠原兵団（小笠原諸島）
  - 関東軍（満州・朝鮮半島）
  - 支那派遣軍（シナ大陸）
  - 南方軍（東南アジア）
  - 第八方面軍（ラバウル方面）
  - 第三十一軍（トラック島・マリアナ諸島）
  - 航空総軍
  - 内地鉄道隊
  - 船舶司令部

●第一総軍司令部（東京市ヶ谷）
総軍司令官・杉山元大将（十二期）
総参謀長・須藤栄之助中将（二十五期）
参謀副長・石井正美少将（三十期）
高級参謀・吉本重章大佐（三十七期）
高級参謀・高崎正男大佐（三十八期）

○第十一方面軍司令部（進）（仙台）
軍司令官・藤江恵輔大将（十八期）
参謀長・今井一二三少将（三十期）
高級参謀・武居清太郎大佐（三十五期）

戦車第四十四連隊・原卓郎少佐
電信第三十八連隊・林武平少佐
第八工兵司令部・岩崎成雄大佐（二十五期）
第十七野戦輸送司令部・川崎吉次大佐
第三十三警備司令部・山下良眼少将（二十五期）

●第七十二師団（伝）（福島）

師団長・千葉熊治中将（二十九期）

参謀長・半井顕雄大佐（三十期）

歩兵第百三十四連隊・鈴木精一大佐

第百五十二連隊・山崎文一郎大佐

第百五十五連隊・西岡貴一大佐

野砲兵第七十二連隊・岩本東三中佐

工兵第七十二連隊・山橋義明中佐

輜重兵第七十二連隊・小林正男少佐

福島、郡山付近に配置された機動打撃兵団。

●第百四十二師団（護仙）

師団長・寺垣忠雄中将（二十八期）

参謀長・山之口甫中佐（三十七期）

歩兵第四百五連隊・湯田國男中佐

歩兵第四百六連隊・太田軍藏大佐

歩兵第四百七連隊・坂元宗治郎大佐

歩兵第四百八連隊・鈴木忠大佐
石巻付近に配備。

○第五十軍司令部（俊）（青森）
軍司令官・星野利元中将（二十五期）
参謀長・太田公秀少将（三十二期）
高級参謀・中吉孚大佐（三十九期）
電信第四十九連隊　今川広少佐（四十八期）

・第百五十七師団（護弘）
師団長・宮下健一郎中将（二十七期）
参謀長・末吉龍吉大佐（三十四期）
歩兵第四百五十七連隊・伊藤晃中佐
歩兵第四百五十八連隊・立川鴻一中佐
歩兵第四百五十九連隊・津川直志中佐
歩兵第四百六十連隊・本多菊治中佐

二〇年五月以来、八戸西北方地区で陣地構築中。

・第三百八師団（岩木）
師団長・朝野寅四郎中将（二十七期）
参謀長・小林市三中佐（四十期）
歩兵第三百十連隊・八木勇大佐
第三百十一連隊・引地武雄中佐
第三百十二連隊・綿中義夫中佐
二〇年七月中旬に編成の大部を完了。

・独立混成第九十五旅団（能代）
旅団長・石黒岩太少将（二十五期）
二〇年三月以来、八戸地区に陣地構築中。

○第十二方面軍司令部（幡）（東京）
東部軍管区司令部
軍司令官・田中靜壱大将（十九期）

参謀長・高嶋辰彦少将（三十期）
参謀副長・小沼治夫少将（三十二期）
高級参謀・不破博大佐（三十九期）

第二砲兵司令官・鈴木正少将（二十六期）
独立野砲兵第八連隊・木村竹治中佐
野戦重砲兵第八連隊・高橋克己大佐
野戦重砲兵第十一連隊・中鉢義賢大佐
野戦重砲兵第十九連隊・佐藤修一郎大佐
野戦重砲兵第二十六連隊・田地季朔中佐
野戦重砲兵第五十二連隊・水落毎幸大佐
第七工兵隊司令官・永山喜一大佐（二十五期）
独立工兵第二十七連隊・大峯只之少佐
第一通信隊司令官・斎藤文一郎大佐（二十五期）
電信第三十連隊・児玉徹大佐
電信第五十一連隊・原田繁效少佐
第二通信隊司令官・瀧上孟平大佐（三十一期）

第八野戦輸送司令官・平岡清中将（二十三期）
第三警備司令官（新潟）・大島久忠大佐

●第三百二十一師団（磯）
師団長・矢嵜勘十中将（二十六期）
参謀長・鵜飼仁大佐（三十一期）
歩兵第三百二十五連隊・田中正雄大佐
歩兵第三百二十六連隊・西村勘次中佐
歩兵第三百二十七連隊・子安和夫大佐
伊豆大島に在った独混第六十五旅団を基幹として編成。

●独立混成第六十六旅団（境）
旅団長・中村三郎少将（三十期）
新島地区の確保、兵力四四二七名。

●独立混成第六十七旅団（浦）
旅団長・木原義雄少将（二十七期）

独立混成第十六連隊・酒井勝利大佐
独立混成第四十三連隊・上杉義武大佐
八丈島地区の確保。

●高射第一師団（晴）（東京上野）
師団長・金岡嶠中将（二十五期）
参謀長・斎藤寿恵雄大佐（三十期）
高射砲第百十一連隊・武田文雄大佐
高射砲第百十二連隊・大島知義中佐
高射砲第百十三連隊・都築晋大佐
高射砲第百十四連隊・西野貞光大佐
高射砲第百十五連隊・伏屋宏大佐
高射砲第百十六連隊・谷口正三郎大佐
高射砲第百十七連隊・樋口忠治中佐
高射砲第百十八連隊・栗田逞治中佐
高射砲第百十九連隊・水野縫一少佐
照空第一連隊・池田赳夫大佐

・第三十六軍司令部（富士）（浦和）
軍司令官・上村利道中将（二十二期）
参謀長・徳永鹿之助少将（三十二期）
高級参謀・大槻章大佐（三十五期）

独立山砲兵第八連隊　高橋栄吉中佐
独立山砲兵第十七連隊　西田喆中佐
電信第六連隊・高井太朗中佐

・第八十一師団（納）
師団長・古閑健中将（二十五期）
参謀長・池田慶藏中佐（四十二期）
歩兵第百七十一連隊・今村重孝大佐
歩兵第百七十二連隊・桑利彦中佐
歩兵第百七十三連隊・江口小一郎大佐
野砲兵第八十一連隊・前田知玄大佐
工兵第八十一連隊・吉田利行大佐

輜重兵第八十一連隊・宮崎三郎大佐
関東平野の決戦師団として土浦地区に配備。

・第九十三師団（決）
師団長・山本三男中将（二十二期）
参謀長・中村三郎大佐（三十期）
歩兵第二百二連隊・河合愼助大佐
歩兵第二百三連隊・藤原忠次大佐
歩兵第二百四連隊・俵健次郎大佐
騎兵第九十三連隊・安高音吉大佐
山砲兵第九十三連隊・山口嘉良大佐
工兵第九十三連隊・原亀治中佐
輜重兵第九十三連隊・白岩浩治少佐
東京決戦軍の根幹師団として、九十九里浜上陸の際、増援主力兵団の役割を与えられた。

●第二百一師団（武蔵）

師団長・重信吉固少将（二十七期）

参謀・高橋満藏大佐（三十九期）

歩兵第五百一連隊・染谷文雄中佐

歩兵第五百二連隊・山下誠一中佐

歩兵第五百三連隊・岩瀬武司中佐

野砲兵第二百一連隊・勝沼勝中佐

迫撃第二百一連隊・塩田一中佐

立川付近に配備された機動打撃兵団。

●第二百二師団（青葉）

師団長・片倉衷少将（三十一期）

参謀・栗城時男中佐（四十一期）

歩兵第五百四連隊・菅野善吉中佐

歩兵第五百五連隊・中山佐武郎中佐

歩兵第五百六連隊・工藤鉄太郎中佐

山砲兵第二百二連隊・斎藤武少佐

迫撃第二百二連隊・楢崎五郎中佐
高崎付近に配備された機動打撃兵団。

・第二百九師団（加越）
師団長・久米精一少将（三十一期）
参謀・山田義次中佐（四十一期）
歩兵第五百十三連隊・安藤修道中佐
歩兵第五百十四連隊・力石勝寿中佐
歩兵第五百十五連隊・林司馬男中佐
山砲兵第二百九連隊・青木精一少佐
迫撃第二百九連隊・大江芳若中佐
金沢付近に配備された機動打撃兵団。

・第二百十四師団（常盤）
師団長・山本募中将（二十六期）
参謀・高井新三中佐（四十期）
歩兵第五百十九連隊　石井星一郎中佐

歩兵第五百二十連隊・河西敬次郎中佐
歩兵第五百二十一連隊・鳥海宗雄中佐
野砲兵第二百十四連隊・内野貞利少佐
迫撃第二百十四連隊・桑田謹彰大佐
宇都宮、両毛地区一帯に配備。

●戦車第一師団（拓）福岡
師団長・細見惟雄中将（二十五期）
参謀長・清水馨大佐（三十三期）
戦車第一連隊・中田吉穂大佐
第五連隊・杉本守衛大佐
機動歩兵第一連隊・沢敏行大佐
機動砲兵第一連隊・神戸英彦中佐
満州より本土防衛のため、内地に帰還した。

●海上機動第四旅団
旅団長・内田辰雄少将（二十六期）

・戦車第四師団（鋼）津田沼

師団長・閑院宮春仁王少将（三十六期）

参謀長・矢野隆亥大佐（三十三期）

戦車第二十八連隊・井上直造少佐

戦車第二十九連隊・島田一雄少佐

戦車第三十連隊・野口剛一少佐

○第五十一軍司令部（建）

軍司令官・野田謙吾中将（二十四期）

参謀長・坂井芳雄少将（三十三期）

高級参謀・一戸公哉中佐（三十九期）

第七砲兵司令官・佐藤武明大佐（二十七期）

砲兵情報第三連隊・菅沢栄治少佐

独立山砲兵第十三連隊・河原英二大佐

野戦重砲兵第九連隊・合屋成雄大佐

電信第八連隊・小川市藏中佐

・第四十四師団（橘）

師団長・谷口春治中将（二十六期）
参謀長・村岡弘大佐（三十四期）
歩兵第九十二連隊・伊奈重誠大佐
歩兵第九十三連隊・大沢勝二大佐
歩兵第九十四連隊・工藤豊雄大佐
野砲兵第四十四連隊・高雄実大佐
工兵第四十四連隊・窪田英夫中佐
輜重兵第四十四連隊・金沢善治大佐

一級装備の優良師団、本土防衛の決戦用主力兵団であった。

・第百五十一師団（護宇）

師団長・白銀義方中将（二十七期）
参謀長・梅崎吉春中佐（三十六期）
歩兵第四百三十三連隊・米山靖正大佐

歩兵第四百三十四連隊・遠藤典邦大佐
歩兵第四百三十五連隊・山本茂雄中佐
歩兵第四百三十六連隊・宇野修一中佐
茨城海岸で陣地構築中。

・独立混成第百十五旅団（建）（茨城県芝崎）
旅団長・相葉健少将（二十五期）

・独立戦車第七旅団（琢）（茨城県内原町）
旅団長・三田村逸彦大佐（二十八期）
戦車第三十八連隊・黒川直敬少佐
戦車第三十九連隊・大浦正夫少佐

◯第五十二軍司令部（捷）（佐倉）
軍司令官・重田徳松中将（二十四期）
参謀長・玉置温和少将（二十九期）
高級参謀・林璋大佐（三十六期）

戦車第四十八連隊・曽原純男少佐
第八砲兵司令官・原田鶴吉少将（二十五期）
砲兵情報第二連隊・片島一彦中佐
独立山砲兵第十四連隊・中島政次中佐
野戦重砲兵第二十七連隊・藤戸敏雄大佐
重砲兵第十四連隊・兼松旭大佐
電信第三十九連隊・大田俊雄中佐

●近衛第三師団（範）（佐倉）
師団長・山崎清次中将（二十四期）
参謀長・大久保精一大佐（三十二期）
近衛歩兵第八連隊・永沢正美大佐
近衛歩兵第九連隊・生田正次大佐
近衛歩兵第十連隊・一本義郎大佐
近衛野砲兵第三連隊　小笠原勝國大佐
近衛工兵第三連隊　江淵庸恭中佐
近衛輜重兵第三連隊　白須幸雄少佐

・第百四十七師団（護北）（茂原）
　師団長・石川浩三郎中将（二十七期）
　参謀長・小林茂本大佐（三十三期）
　歩兵第四百二十五連隊・山住伊織中佐
　歩兵第四百二十六連隊・田村禎一大佐
　歩兵第四百二十七連隊・原子正雄大佐
　歩兵第四百二十八連隊・加藤武夫大佐

・第百五十二師団（護沢）（銚子西北野尻）
　師団長・能崎清次中将（二十四期）
　参謀長・下田千代士中佐（三十六期）
　歩兵第四百三十七連隊・吉松秀孝中佐
　歩兵第四百三十八連隊・由谷弥市中佐
　歩兵第四百三十九連隊・中村敏夫大佐
　第四百四十連隊・中野寿一中佐
飯岡、銚子方面の水際陣地、及び南部鹿島に陣地構築中。

・第二百三十四師団（利根）（八日市場）
師団長・永野亀一郎中将（二十四期）
参謀長・鳥羽悟大佐（三十五期）
歩兵第三百二十二連隊・光森勇雄中佐
第三百二十三連隊・加藤猛中佐
第三百二十四連隊・三宅克己中佐
師団の一部が九十九里浜に進出中に終戦。

独立戦車第三旅団長　田畑与三郎大佐
戦車第三十三連隊　　貞國誠三少佐
戦車第三十六連隊　　石井隆臣大佐

・第五十三軍司令部（断）（伊勢原）
軍司令官・赤柴八重藏中将（二十四期）
参謀長・小野打寛少将（三十三期）
高級参謀・田中忠勝大佐（三十九期）

独立混成第三十六連隊・武藤東中佐
独立混成第三十七連隊・植田斉大佐
第十一砲兵司令官・長林勝由少将（二十八期）
砲兵情報第五連隊・佐々木吉雄少佐
野戦重砲兵第二連隊・石田政吉大佐
電信第五十連隊・道野四郎少佐

●第八十四師団（突）（小田原）
師団長・佐久間爲人中将（二十二期）
参謀長・杉本和二郎大佐（二十九期）
歩兵第百九十九連隊・栗栖晋大佐
歩兵第二百連隊・川上芳雄大佐
歩兵第二百一連隊・松本鹿太郎大佐
野砲兵第八十四連隊・川崎盛利大佐
工兵第八十四連隊・釜付敬二少佐
輜重兵第八十四連隊・小林吉二大佐
相模湾迎撃の決戦師団。

●第百四十師団（護東）（鎌倉）
師団長・物部長鉾中将（二十六期）
参謀長・吉村蔵五郎中佐（三十五期）
歩兵第四百一連隊・平沢喜一大佐
歩兵第四百二連隊・鈴木薫二大佐
歩兵第四百三連隊・菅原甚吉中佐
歩兵第四百四連隊・立花啓一大佐
湘南一帯に陣地構築中。

●第三百十六師団（山城）（伊勢原）
師団長・柏徳中将（二十三期）
参謀長・熊谷則正大佐（三十期）
歩兵第三百四十九連隊・神宮祐太郎中佐
歩兵第三百五十連隊・高村慶之輔中佐
歩兵第三百五十一連隊・堀田俊中佐
独立混成第百十七旅団・平桜政吉少将
独立戦車第二旅団・佐伯静夫大佐（二十八期）

戦車第二連隊・藤井繁雄中佐
戦車第四十一連隊・小野寺孝男少佐

◯東京防衛軍司令部（幡）
軍司令官・飯村穣中将（二十一期）
参謀長・江湖要一少将（三十三期）
高級参謀・日笠賢大佐（三十五期）
警備第一旅団・重松吉正少将（二十五期）
警備第二旅団・矢ヶ崎節三少将（二十七期）
警備第三旅団・原田棟少将（二十七期）

◯東京湾兵団司令部（房）
司令官・大場四平中将（二十二期）
参謀長・水野桂三少将（三十期）
東京湾要塞重砲兵連隊・黒岩直一大佐

・第三百五十四師団（武甲）
師団長・山口信一中将（二十五期）
参謀長・吉橋健児中佐（三十七期）
歩兵第三百三十一連隊・鈴木文夫大佐
歩兵第三百三十二連隊・大沢進一大佐
歩兵第三百三十三連隊・萩野健雄中佐
館山付近で陣地構築中。

独立混成第九十六旅団・恵藤第四郎少将
独立混成第百十四旅団・簗瀬眞琴少将

○第十三方面軍司令部（秀）（名古屋）
軍司令官・岡田資中将（二十三期）
参謀長・柴田芳三少将（三十二期）
参謀副長・重安穐之助少将（三十三期）
高級参謀・大西一大佐（三十六期）

砲兵情報第四連隊・笠松清少佐
独立山砲兵第十五連隊・堀俊治中佐
電信第四十連隊・花沢節郎少佐
電信第五十三連隊・福田清市少佐
第九工兵司令部・小野口忱少将（二十一期）
第十九野戦輸送司令部　飯塚純大佐

●第七十三師団（怒）
師団長・河田末三郎中将（二十五期）
参謀長・野々山秀美中佐（三十七期）
歩兵第百九十六連隊・長谷川信哉大佐
歩兵第百九十七連隊・手島治雄大佐
歩兵第百九十八連隊・吉川元大佐
野砲兵第七十三連隊・野末一丸大佐
工兵第七十三連隊・永沢正吾中佐
輜重兵第七十三連隊・中川義弘中佐
渥美半島迎撃師団。浜名湖付近海岸、渥美半島に展開した。

●第百五十三師団（護京）（宇治山田）
師団長・稲村豊二郎中将（二十六期）
参謀長・大熊初五郎中佐（三十七期）
歩兵第四百四十一連隊・松本昌次大佐
歩兵第四百四十二連隊・坂本嘉四郎大佐
歩兵第四百四十三連隊・山本信輝大佐
歩兵第四百四十四連隊・西川正行大佐

●第二百二十九師団（北越）
師団長・石野芳男中将（二十八期）
参謀長・吉田嘉久中佐（三十八期）
歩兵第三百三十四連隊・上野隆三郎中佐
歩兵第三百三十五連隊・幸島芳雄中佐
歩兵第三百三十六連隊・後藤寿文中佐
独立戦車第八旅団・当山弘道中将（二十八期）
戦車第二十三連隊・黒田芳夫中佐
戦車第二十四連隊・大原篤一中佐

・高射第二師団（逐）（名古屋）
　師団長・入江莞爾少将（二十三期）
　参謀長・内田久次中佐（四十四期）
　高射砲第百二十四連隊・山田正樹中佐
　高射砲第百二十五連隊・大中正光中佐

○第五十四軍司令部（颯）（新城）
　軍司令官・小林信男中将（二十二期）
　参謀長・花本盛彦大佐（三十四期）
　高級参謀・小山公利大佐（三十七期）

　第三砲兵司令部・岩田英二少将（二十八期）
　野戦重砲兵第五十三連隊・菅野良大佐
　電信第四十八連隊・斎藤繁弥少佐

・第百四十三師団（護古）
師団長・鈴木貞次中将（二十二期）
参謀長・廣瀬誠治大佐（三十四期）
歩兵第四百九連隊・丹羽篤郎大佐
歩兵第四百十連隊・松井利生大佐
第四百十一連隊・森本辨三郎大佐
第四百十二連隊・笠原善修大佐
浜松西北地区に配備。

・第三百五十五師団（那智）
師団長・武田寿中将（二十八期）
参謀長・野口欣一大佐（三十期）
歩兵第三百五十五連隊・鷹村勇大佐
歩兵第三百五十六連隊・鬼頭三良中佐
歩兵第三百五十七連隊・田村昌雄中佐
以上の部隊は姫路で編成未完。

独立混成第九十七旅団・根岸四少将
独立混成第百十九旅団・伊東説少将
独立混成第百二十旅団・加治武雄少将

●第二総軍司令部（広島）
軍司令官・畑俊六大将（十二期）
軍参謀長・岡崎清三郎中将（二十六期）
参謀副長・眞田穰一郎少将（三十一期）
高級参謀・井本熊男大佐（三十七期）
高級参謀・片山二良大佐（爆死）
（高級参謀・加藤昌平中佐〈四十一期〉）

○第十五方面軍司令部（楠）（大阪）
軍司令官・内山英太郎中将（二十一期）
参謀長・國武三千雄中将（二十七期）
参謀副長・宮野正年少将（三十期）
高級参謀・大庭小二郎大佐（三十六期）

高級参謀・中原茂敏大佐（三十九期）
独立山砲兵第十六連隊・米沢俊雄中佐
電信第四十五連隊・船戸東中佐
第十工兵隊司令部・平山護義少将

●第百四十四師団（護阪）
師団長・高野直満中将（二十四期）
参謀長・鈴川健一中佐（三十五期）
歩兵第四百十三連隊・百瀬保大佐
歩兵第四百十四連隊・松尾謙三大佐
歩兵第四百十五連隊・白石通世大佐
歩兵第四百十六連隊・大野次郎中佐
潮岬付近に配備。

●第二百二十五師団（金剛）
師団長・落谷鼎五中将（二十五期）

歩兵第三百四十三連隊・稲田安良大佐
歩兵第三百四十四連隊・中島敏雄中佐
歩兵第三百四十五連隊・鎌賀晴一中佐
兵庫県龍野町付近に配置。

独立混成第百二十三旅団・金岡正忠少将
独立混成第三十八連隊・得平操中佐
由良要塞司令部・常岡寛治中将（十八期）
由良要塞重砲兵連隊・瀬田善四郎中佐

●高射第三師団（炸）（大阪）
師団長・河合潔少将（二十三期）
高射砲第百二十一連隊・樋口易信大佐
高射砲第百二十二連隊・五峯作一大佐
高射砲第百二十三連隊・山岡重孝中佐

○第五十五軍司令部（偕）（高知）
軍司令官・原田熊吉中将（二十二期）
参謀長・鏑木正隆少将（三十二期）
高級参謀・西原征夫大佐（三十七期）

・第十一師団（錦）（高知）
師団長・大野広一中将（二十六期）
参謀長・横田洋大佐（三十六期）
歩兵第十二連隊・原田喜代藏大佐
歩兵第四十三連隊・多田金治大佐
歩兵第四十四連隊・坂本俊馬大佐
騎兵第十一連隊・長谷川詮治中佐
山砲兵第十一連隊・小幡実大佐
工兵第十一連隊・岩本清大佐
輜重兵第十一連隊・中島秀次大佐
一三年以来、関東軍の強豪師団であったが、郷土防衛のため内地帰還、土佐一帯に展開。

●第百五十五師団（護土）
師団長・岩永汪中将（二十四期）
参謀長・松尾新一中佐（三十五期）
歩兵第四百四十九連隊・青山熊吉大佐
歩兵第四百五十連隊・下村肇大佐
歩兵第四百五十一連隊・森田豊秋大佐
歩兵第四百五十二連隊・山本孝男中佐
高知平地に配備。

●第二百五師団（安芸）
師団長・唐川安夫中将（二十九期）
歩兵第五百七連隊・石橋幸人中佐
歩兵第五百八連隊・横山忠男中佐
歩兵第五百九連隊・足立謙三中佐
迫撃第二百五連隊・指宿三郎中佐
高知平地に配備された機動打撃兵団。

・第三百四十四師団（劍山）
師団長・横田豊一郎中将（二十五期）
参謀長・福山芳夫大佐（三十五期）
歩兵第三百五十二連隊・中島美光大佐
歩兵第三百五十三連隊・前田敏夫大佐
歩兵第三百五十四連隊・道盛清中佐
宿毛湾正面に配備。

独立混成第百二十一旅団・横井忠道少将

〈第五十五軍直轄部隊〉
戦車第四十五連隊・田中義憲少佐
戦車第四十七連隊・照井浩少佐
第十砲兵司令部・大井公平大佐（二十三期）
独立山砲兵第六連隊・小笠原六男中佐
電信第三十七連隊・佐藤竹之助少佐

○第五十九軍司令部（山陽）（広島）

軍司令官・藤井洋治中将（十九期）爆死
八月十二日　谷寿夫中将（十五期）
参謀長・松村秀逸少将（三十二期）
高級参謀・北野兵藏大佐（三十五期）

●第二百三十師団（総武）
師団長・中西貞喜中将（二十九期）
歩兵第三百十九連隊・古東要大佐
歩兵第三百二十連隊・永井義右衛門中佐
歩兵第三百二十一連隊・後藤四郎中佐
松江、米子付近に配備。

●第二百三十一師団（大國）（山口）
師団長・村田孝生中将（二十七期）
歩兵第三百四十六連隊・温品博水中佐
歩兵第三百四十七連隊・朝倉啓中佐
歩兵第三百四十八連隊・松原順市中佐

独立混成第百二十四旅団・石井信少将

○第十六方面軍司令部（睦）（福岡）
軍司令官・横山勇中将（二十一期）
参謀長・稲田正純中将（二十九期）
参謀副長・福島久作少将（三十二期）
高級参謀・穐田弘志大佐（三十六期）

独立山砲兵第十八連隊・行方正一大佐
第三通信隊司令部・尾崎盛義大佐
電信第七連隊・藤田博少佐
電信第五十二連隊・梅北兼光中佐
第十一工兵隊司令部・森本歓治大佐
第九野戦輸送司令部・河合豊大佐
対馬要塞司令部・長瀬武平中将（十八期）
対馬要塞重砲兵連隊・垣内八州夫大佐

・第二十五師団（國）
師団長・加藤怜三中将（二十三期）
参謀長・白木眞澄大佐（三十三期）
歩兵第十四連隊・鎌浦留次大佐
歩兵第四十連隊・愛甲立身大佐
歩兵第七十連隊・石川条吉大佐
山砲兵第十五連隊・原捷吉大佐
工兵第二十五連隊・藤村忠明中佐
輜重兵二十五連隊・新村理市大佐
満州より内地防衛のため帰還。
関特演で渡満したA級師団。二〇年四月、内地防衛のため帰還、福岡西側の前原地区に移駐した。

・第五十七師団（奥）
師団長・矢野政雄中将（二十八期）
参謀長・松尾義人中佐（三十七期）
歩兵第百三十二連隊・小林俊一大佐

歩兵第百十七連隊・田中全大佐
歩兵第五十二連隊・河原林克巳大佐
野砲兵第五十七連隊・高瀬正二大佐
工兵第五十七連隊・矢野謙治少佐
輜重兵第五十七連隊・武居卯一大佐

●第七十七師団（稔）

師団長・中山政康中将（二十五期）
高級参謀・桑原勝雄中佐（四十期）
歩兵第九十八連隊・太田源助大佐
歩兵第九十九連隊・山口武臣大佐
歩兵第百連隊・上原清二中佐
騎兵第七十七連隊・尾高三郎中佐
山砲兵第七十七連隊・一柳恒市中佐
工兵第七十七連隊・三輪本雄少佐
輜重兵第七十七連隊・大野慶三少佐
独立山砲兵第七連隊・田島昌治少佐

北海道で編成されたが、南九州決戦師団として川内、出水地区の防衛に任じた。

●第二百六師団（阿蘇）
師団長・岩切秀中将（二十六期）
参謀・小野秀雄中佐（四十一期）
歩兵第五百十連隊・森園武夫中佐
歩兵第五百十一連隊・山内俊太郎中佐
歩兵第五百十二連隊・楠畑義則中佐
迫撃第二百六連隊・岡本成雄中佐
薩摩半島西岸（吹上浜）地域の防衛に任じた。

●第二百十二師団（菊池）
師団長・桜井徳太郎少将（三十期）
歩兵第五百十六連隊・金田高秋中佐
歩兵第五百十七連隊・東昇中佐
歩兵第五百十八連隊・松倉民雄中佐
迫撃第二百十二連隊・永田敏夫中佐

・第二百十六師団（比叡）
師団長・中野良次中将（二十九期）
歩兵第五百二十二連隊　富田実中佐
歩兵第五百二十三連隊　平井重文中佐
歩兵第五百二十四連隊　片岡太郎中佐
野砲兵第二百十六連隊　名川義人中佐
迫撃第二百十六連隊　幡川錬治大佐
熊本平地にあって、主として決戦兵団としての訓練に任じていた。

独立混成第六十四旅団（徳之島）
旅団長・高田利貞少将（二十五期）
独立混成第二十一連隊・井上二一大佐
独立混成第二十二連隊・鬼塚義淳大佐
重砲兵第六連隊・末松五郎中佐
奄美群島防衛部隊。

独立混成第百七旅団・久世弥三吉少将

五島列島福江島に配備。

独立混成第百十八旅団・内山隆道少将

重砲兵第十八連隊・矢野穆彦大佐

豊予要塞守備隊。

独立混成第百二十二旅団・谷口元治郎中将

重砲兵第十七連隊・松岡啓正大佐

長崎要塞守備隊。

独立混成第百二十六旅団　林勇藏少将

天草群島に配備。

●高射第四師団（彗）（福岡）

師団長・伊藤範治中将（二十五期）

参謀長・寺尾征太露中佐（三十七期）

第四高射砲隊司令部・平向九十九少将

高射砲第百三十一連隊・刈谷春次大佐
高射砲第百三十二連隊・飯塚國松大佐
高射砲第百三十三連隊・池辺栄弘中佐
高射砲第百三十四連隊・力石静夫中佐
高射砲第百三十六連隊・篠浦信一中佐

○第四十軍司令部（陽）（伊集院）
軍司令官・中沢三夫中将（二十四期）
参謀長・安達久少将（三十三期）
高級参謀・市川治平大佐（三十七期）

第四砲兵司令部・藤山朝章少将（二十七期）
独立野砲兵第九連隊・奈良太郎大佐
野戦重砲兵第二十八連隊・山根寅雄中佐
電信第四十三連隊・岸道郎少佐

・第百四十六師団（護南）

師団長・坪島文雄中将（二十七期）
参謀長・矢野常雄中佐（三十六期）
歩兵第四百二十一連隊　渡辺美邦大佐
歩兵第四百二十二連隊　守田利一郎中佐
歩兵第四百二十三連隊　外園進大佐
歩兵第四百二十四連隊　榊利徳中佐
薩摩半島南岸の防衛に任じた。

●第三百三師団（高師）（川内）
師団長・石田栄熊中将（二十七期）
参謀・稲永一衛中佐（四十四期）
歩兵第三百三十七連隊・伊藤次作大佐
歩兵第三百三十八連隊・広中豊中佐
歩兵第三百三十九連隊・平井定中佐
独立混成第百二十五旅団・倉橋尚少将

○第五十六軍司令部（宗）（飯塚）
軍司令官・七田一郎中将（二十期）
参謀長・内野宇一少将（三十二期）
高級参謀・桃井義一中佐（四十期）
戦車第四十六連隊・清水重之少佐
第六砲兵司令部・井原茂次郎少将
砲兵情報第一連隊・澁谷徳中佐
野戦重砲兵第十連隊・楠本輝雄大佐
野戦重砲兵第二十九連隊・森永豪策中佐
電信第四十四連隊・中野武男中佐
壱岐要塞司令部・千知波幸治少将
壱岐要塞重砲兵連隊・関武思大佐
下関要塞司令部・永野叢人中将（二十七期）
下関要塞重砲兵連隊・三毛涅次大佐

・第百四十五師団（護州）（芦屋）
師団長・小原一明中将（二十六期）

参謀長・伊藤秀一大佐（三十三期）
歩兵第四百十七連隊・青山良政大佐
歩兵第四百十八連隊・黄葉収大佐
歩兵第四百十九連隊・森本誠四郎大佐
歩兵第四百二十連隊・小川逸中佐

●第三百十二師団（千歳）
師団長・多田保中将（二十三期）
参謀長・羽場光大佐（三十八期）
歩兵第三百五十八連隊・上村節藏中佐
歩兵第三百五十九連隊・野村登大佐
歩兵第三百六十連隊・大塚政博中佐
唐津、伊万里方面に配備。

●第三百五十一師団（赤城）（福岡）
師団長・藤村謙中将（二十六期）
参謀長・西山勝中佐（四十一期）

歩兵第三百二十八連隊・勝屋福茂大佐
歩兵第三百二十九連隊・村岡安大佐
歩兵第三百三十連隊・大野謹之助中佐
宇都宮で編成され、二〇年七月、福岡平地に移駐。

独立戦車第四旅団　　生駒林一大佐（二十八期）
戦車第十九連隊　　越智七五三次少佐
戦車第四十二連隊　　河原米作少佐

○第五十七軍司令部（鋒）（財部）
軍司令官・西原貫治中将（二十三期）
参謀長・吉武安正少将（三十三期）
高級参謀・藤原岩市中佐（四十三期）

第一砲兵司令部・竹田政一少将（二十六期）
砲兵情報第六連隊・加藤金治少佐
野戦重砲兵第十三連隊・眞子茂中佐

野戦重砲兵第五十四連隊・江頭昴三大佐
独立山砲兵隊第十九連隊・津田三郎中佐
第三工兵隊司令部・金井満少将（二十七期）
電信第四十一連隊・確井恒三中佐
第七野戦輸送司令部・椎橋侃二少将（二十五期）

●第八十六師団（積）
師団長・芳仲和太郎中将（二十七期）
参謀長・奥山魏大佐（三十二期）
歩兵第百八十七連隊・可西清二大佐
歩兵第百八十八連隊・石井元良大佐
歩兵第百八十九連隊・山方知光大佐
歩兵第三百六十四連隊・竹之内繁男大佐
野砲兵第八十六連隊・佐川武彦中佐
工兵第八十六連隊・有利正少佐
輜重兵第八十六連隊・瀬川孫兵衛大佐
南九州志布志湾一帯に堅陣を構築、迎撃の先陣師団。兵力一三、七四八名。

・第百五十四師団（護路）

師団長・二見秋三郎少将（二十八期）

参謀長・宮原健雄大佐（三十六期）

歩兵第四百四十五連隊・堀龍市大佐

歩兵第四百四十六連隊・瀬野赳大佐

歩兵第四百四十七連隊・佐々木高一中佐

歩兵第四百四十八連隊・永松亨一中佐

一ツ瀬川以北の北部宮崎平地に展開。

・第百五十六師団（護西）

師団長・樋口敬七郎中将（二十七期）

参謀長・高橋忠道中佐（三十五期）

歩兵第四百五十三連隊・音成五一大佐

歩兵第四百五十四連隊・秋富勝次郎大佐

歩兵第四百五十五連隊・大江一二三大佐

歩兵第四百五十六連隊・古賀恒大佐

郵 便 は が き

１５４－０００２

お手数でも
郵便切手
をお貼り
ください

東京都世田谷区
下馬六－三一－一〇
（電話 〇三－五七七九－八五八五）
ドクター中松創研
中松義郎
「日本は負けたのではない」係行

E-mail:info@dr.nakamats.com
でも受け付けます

ふりがな		ご職業	
お名前	歳		
ご住所	〒 TEL(　　)　FAX(　　)		

□に✓印をつけてください　　Eメール

□1寿命を延ばしたい　□2勉強しないで、頭をよくしたい　□3集中力をよくしたい
□4記憶力をよくしたい　□5計算を早く、正確にしたい　□6視力を向上させたい
□7熟睡したい　□8さわやかに目覚めたい　□9おいしく食べたい
□10肌をきれいにしたい　□11白髪をなくしたい　□12冷え性を治したい
□13急速に疲労を回復したい　□14海外旅行の時差をとりたい
□15世の中が明るく見えるようになりたい　□16前向き人間になりたい
□17パターがよく入りスコアを向上したい　□18野球でホームランを打ちたい
□19受験に合格したい　□20ストレスを急速にとりたい　□21リラックスしたい
□22家族和気あいあいになりたい　□23相手に喜ばれ感謝されたい
□24心の安定を保ちたい　□25幸福感にひたりたい　□26老人ボケになりたくない
□27勘を働かせたい　□28ひらめきがほしい　□29創造する力を持ちたい
□30気力を充実させたい　□31読書する時間を持ちたい

〈裏へ〉

〈表から〉

□32音楽を聴く時間を持ちたい　□33考える時間を持ちたい
□34人生の残り時間を長くしたい　□35人生の残り時間を有効に使いたい
□36内面を充実させたい　□37気配りと思いやりの心を持ちたい
□38芸術に感動する心を持ちたい　□39素直な心になりたい
□40悟りを得たい　□41自信をつけたい　□42観察力を向上させたい
□43決断力を持ちたい　□44バラ色の人生を送りたい
□45心細いときの頼りがほしい　□46出世したい　□47お金持ちになりたい
□48偏差値を上げたい　□49生きがいを持ちたい　□50異性にもてたい
□51美しくなりたい　□52人間関係をよくしたい　□53苦労しないでやせたい
□54乗り物酔いを治したい　□55乱視や老眼を是正したい
□56自律神経失調症を治したい　□57肋間神経症を治したい
□58リウマチを治したい　□59顔面神経痛を治したい
□60ガンやエイズになりたくない　□61肩こりをとりたい
□62腰痛を治したい　□63湿疹アレルギーを治したい
□64ユウウツを治したい　□65ドモリを治したい　□66風邪を治したい
□67糖尿病を治したい　□68膵臓、肝臓、胃を治したい
□69耳鳴りを治したい　□70メガネを不要にしたい
□71三叉神経痛や股関節痛をとりたい　□72更年期障害を回復したい

●以上を解決する「セレブレックス」を　□使いたい　□販売したい
●「頭がよくなるサロン」を　□体験したい　□フランチャイズしたい
●不老長寿の「フロフロー」を　□使いたい　□販売したい
●「頭がよくなるスナック」を　□ほしい　□販売したい
●頭がよくなる　□飲み物がほしい　□ふりかけがほしい　□販売したい
●Igノーベル賞「リボディ55」を　□使いたい　□販売したい
●「頭がよくなるCD」を　□使いたい　□販売したい
●「ピョンピョン」を　□買いたい　□販売したい
●「まかしと毛」を　□買いたい　□販売したい
●セックス感度をあげる「ラブジェット」「CD」を　□使いたい
●ドクター・中松の　□本をもっと読みたい　□ビデオを買いたい
●「中松義郎博士の会」に　□入会したい
●ドクター・中松の講義を　□聴きたい
●「長経験者パワー・カンパニー」に　□参加したい
●宇宙エネルギー「ドクター中松ジェネレータ」に　□興味がある
●ドクター・中松発明製品を　□販売したい
（ドクター・中松ビジネスインベンションDNBI）

独立混成第九十八旅団・黒須源之助大佐
重砲兵第十五連隊・石黒豊治大佐
独立混成第百九旅団・千田貞雄中将（二十一期）
種子島に配備。

独立戦車第五旅団・高沢英輝大佐
戦車第十八連隊・島田豊作少佐
戦車第四十三連隊・加藤巧少佐
独立戦車第六旅団・松田哲人大佐
戦車第三十七連隊・大隈到少佐
戦車第四十連隊・小野二郎八少佐

陸軍の本土決戦部隊は、在来の一般師団八個、戦車師団一個、その他高射師団に加え、第一次兵備として、二月、野戦師団一八（うち北東三、朝鮮二）、その他独立混成旅団、野、山砲、野戦重砲など多数編成され、また別に師管区部隊などの臨時動員を行った。師団は百単位師団である。各師団は沿岸配備師団で歩兵四個連隊編成、歩兵火器を主体とした。

第二次兵備は四月に発令され、二百台師団八個、独立戦車旅団六個、戦車連隊五個であった。この師団は機動打撃師団で、なるべく素質の良い兵員を充当することとされた。

五月の第三次兵備では、機動打撃師団八個、沿岸配備師団は三百台とし一一個師団、その他独立混成旅団一五個、多数の砲兵、工兵、通信、海上挺進等の部隊が動員された。

また三月には満州から一般師団三個、戦車師団一個に砲兵司令部、野戦重砲、重砲の連、大隊を内地に転用した。

◯第五方面軍　樋口季一郎中将（札幌）
第七師団　鯉登行一中将（帯広）
第四十二師団　佐野虎太中将（稚内）
第八十八師団　峯木十一郎中将（樺太・豊原〈ユージノサハリンスク〉）
第八十九師団　小川権之助中将（択捉島）
第九十一師団　堤不夾貴中将（千島列島・占守島）
独立混成第百一旅団　桂朝彦少将（苫小牧）
独立混成第百二十九旅団　仁保進少将（千島列島・得撫島）
第一飛行師団　佐藤正一中将（札幌）

◯第十方面軍　安藤利吉大将（台北・沖縄）
第三十二軍　牛島満大将（沖縄〈玉砕〉）
第二十四師団　雨宮巽中将（沖縄〈玉砕〉）
第二十八師団　納見敏郎中将（宮古島）
第六十二師団　藤岡武雄中将（沖縄〈玉砕〉）
独立混成第四十四旅団　鈴木繁二中将（沖縄〈玉砕〉）
独立混成第四十五旅団　宮崎武之少将（石垣島）

独立混成第五十九旅団　多賀哲四郎少将（宮古島）
独立混成第六十旅団　安藤忠一郎少将（宮古島）
〈第十方面軍直轄部隊〉
第九師団　田坂八十八中将（新竹）
第十二師団　人見秀三中将（関廟）
第五十師団　石本貞直中将（潮州）
第六十六師団　中島吉三郎中将（台北）
第七十一師団　遠山登中将（斗六）
独立混成第七十五旅団　奥信男少将（新竹）
独立混成第七十六旅団　小川泰三郎少将（基隆）
独立混成第百旅団　村田定雄少将（高雄）
独立混成第百二旅団　小林忠雄少将（花蓮港）
独立混成第百三旅団　田島正男少将（淡水）
独立混成第百十二旅団　青木政尚少将（宜蘭）
独立混成第六十一旅団　田島彦太郎中将（バブヤン諸島）
第八飛行師団　山本健児中将（台中）

○小笠原兵団　立花芳夫中将（小笠原諸島）
　第百九師団　立花芳夫中将（小笠原諸島・父島）

●関東軍　山田乙三大将（新京）

○第一方面軍　喜田誠一大将（敦化）
　第三軍　村上啓作中将（延吉）
　　第七十九師団　太田貞昌中将（羅南）
　第百十二師団　中村次喜蔵中将（琿春）
　第百二十七師団　古賀龍太郎中将（図們南方）
　第百二十八師団　水原義重中将（羅子溝）
　独立混成第百三十二旅団　鬼武五一少将（大喊廠）
　第五軍　清水規矩中将（鶏寧）
　第百二十四師団　椎名正健中将（穆稜）
　第百二十六師団　野溝弐彦中将（掖河）
　第百三十五師団　人見与一中将（掖河）

〈第一方面軍直轄部隊〉
第百二十二師団　赤鹿理中将（牡丹江）
第百三十四師団　井関仞中将（方正）
第百三十九師団　富永恭次中将（敦化）
○第三方面軍　後宮淳大将（奉天）
第三十軍　飯田祥二郎中将（新京）
第三十九師団　佐々真之助中将（四平）
第百二十五師団　今利龍雄中将（通化）
第百三十八師団　山本務中将（撫順）
第百四十八師団　末光元広中将（新京）
第四十四軍　本郷義夫中将（奉天）
第六十三師団　岸川健一中将（奉天）
第百七師団　安部孝一中将（索倫）
第百十七師団　鈴木啓久中将（大賚）
独立戦車第九旅団　北武樹大佐（四平）
〈第三方面軍直轄部隊〉
第百八師団　磐井虎二郎中将（錦州）

第百三十六師団　中山惇中将（奉天）
独立混成第七十九旅団　岡部通少将（安東）
独立混成第百三十旅団　桑田貞三少将（奉天）
独立混成第百三十四旅団　後藤俊蔵少将（臨江）
独立戦車第一旅団　阿野安理少将（奉天）

○第十七方面軍　上月良夫中将（京城）
　第五十八軍　永津佐比重中将（済州島）
第九十六師団　飯沼守中将（済州島）
第百十一師団　岩崎民雄中将（済州島）
第百二十一師団　正井義人中将（済州島）
独立混成第百八旅団　平岡力少将（済州島）
〈第十七方面軍直轄部隊〉
第百二十師団　柳川真一中将（京城）
第百五十師団　三島義一郎中将（井邑）
第百六十師団　山脇正男中将（裡里）
第三百二十師団　八隅錦三郎中将（京城）

独立混成第百二十七旅団　坂井武少将（釜山）
第三十四軍　櫛淵鍹一中将（咸興）
第五十九師団　藤田茂中将（咸興）
第百三十七師団　秋山義允中将（定平）
独立混成第百三十三旅団　原田繁吉少将（新京）

○第四軍　上村幹男中将（方正）
第百十九師団　塩沢清宣中将（プトハチ）
第百二十三師団　北沢貞治郎中将（孫呉）
第百四十九師団　佐々木到一中将（方正）
独立混成第八十旅団　野村登亀江少将（ハイラル）
独立混成第百三十一旅団　宇部四雄少将（ハルビン）
独立混成第百三十五旅団　浜田十之助少将（瑷琿）
独立混成第百三十六旅団　土谷直二郎少将（嫩江）

大陸鉄道隊　草場辰巳中将（新京）
第二航空軍　原田宇一郎中将（索倫）

第五航空軍　下山琢磨中将（京城）

●支那派遣軍　岡村寧次大将（南京）

○北支那方面軍　下村定大将（北京）
第一軍　澄田睞四郎中将（太原）
第百十四師団　三浦三郎中将（臨汾）
独立混成第三旅団　山田三郎少将（太原）
独立歩兵第十旅団　板津直俊少将（太原）
独立歩兵第十四旅団　元泉馨少将（太原）
第十二軍　鷹森孝中将（鄭州）
第百十師団　木村経広中将（洛陽）
第百十五師団　杉浦英吉中将（郾城）
戦車第三師団　山路秀男中将（北京）
騎兵第四旅団　加藤源之助大佐（帰徳）
駐蒙軍　根本博中将（張家口）

第百十八師団　内田銀之助中将（張家口）
独立混成第二旅団　渡辺渡少将（張家口）
第四十三軍　細川忠康中将（済南）
第四十七師団　渡辺洋中将（済南）
独立混成第五旅団　長野栄二少将（青島）
独立歩兵第一旅団　浅見敏彦少将（済南）
〈北支那方面軍直轄部隊〉
独立混成第一旅団　小松崎力雄少将（邯鄲）
独立混成第八旅団　竹内安守少将（古北口）
独立混成第九旅団　的野憲三郎少将（太沽）
独立歩兵第二旅団　服部直臣少将（井陘）

○第六方面軍　岡部直三郎大将（漢口）
第十一軍　笠原幸雄中将（全県）
第五十八師団　川俣雄人中将（全県）
独立混成第二十二旅団　米山米鹿少将（全県）
独立混成第八十八旅団　皆藤喜代志少将（全県）

料金受取人払郵便

新宿局承認

5507

差出有効期間
平成27年2月
28日まで
(切手不要)

郵便はがき

1 6 0-8 7 9 1

843

東京都新宿区新宿1－10－1

(株)文芸社

愛読者カード係 行

ふりがな お名前				明治 大正 昭和 平成 年生 歳
ふりがな ご住所	□□□-□□□□			性別 男・女
お電話 番号	(書籍ご注文の際に必要です)	ご職業		
E-mail				
ご購読雑誌(複数可)			ご購読新聞 新聞	
最近読んでおもしろかった本や今後、とりあげてほしいテーマをお教えください。				
ご自分の研究成果や経験、お考え等を出版してみたいというお気持ちはありますか。 ある ない 内容・テーマ( )				
現在完成した作品をお持ちですか。 ある ない ジャンル・原稿量( )				

書　名			
お買上 書　店	都道　　　市区 府県　　　郡	書店名	書店
		ご購入日	年　　月　　日

本書をどこでお知りになりましたか?
1.書店店頭　2.知人にすすめられて　3.インターネット(サイト名　　　)
4.DMハガキ　5.広告、記事を見て(新聞、雑誌名　　　)

上の質問に関連して、ご購入の決め手となったのは?
1.タイトル　2.著者　3.内容　4.カバーデザイン　5.帯
その他ご自由にお書きください。
(　　　)

本書についてのご意見、ご感想をお聞かせください。
①内容について

②カバー、タイトル、帯について

弊社Webサイトからもご意見、ご感想をお寄せいただけます。

ご協力ありがとうございました。
※お寄せいただいたご意見、ご感想は新聞広告等で匿名にて使わせていただくことがあります。
※お客様の個人情報は、小社からの連絡のみに使用します。社外に提供することは一切ありません。

第二十軍　坂西一良中将（衡州）
第六十四師団　船引正之中将（瀬陰）
第六十八師団　堤三樹男中将（衡州）
第百十六師団　菱田元四郎中将（衡州）
独立混成第八十一旅団　専田盛寿少将（湘潭）
独立混成第八十二旅団　桜庭子郎少将（株州）
独立混成第八十六旅団　上野源吉少将（永豊）
独立混成第八十七旅団　小山義己少将（郴県）
〈第六方面軍直轄部隊〉
第百三十二師団　柳川悌中将（当陽）
独立混成第十七旅団　谷実夫少将（岳陽）
独立混成第八十三旅団　田塩鼎三少将（漢口）
独立混成第八十四旅団　中尾小六少将（九江）
独立混成第八十五旅団　松井節少将（応城）
独立歩兵第五旅団　村上宗治少将（荊州）
独立歩兵第七旅団　生田寅雄少将（漢口）
独立歩兵第十二旅団　安永篤次郎少将（咸寧）

○第十三軍　松井太久郎中将（上海）
第六十師団　落合松二郎中将（蘇州）
第六十一師団　田中勤中将（上海）
第六十五師団　森茂樹中将（徐州）
第六十九師団　三浦忠次郎中将（嘉定）
第百六十一師団　高橋茂寿慶中将（上海）
独立混成第九十旅団　山本源右衛門少将（揚州）
独立混成第九十二旅団　瓦田隆根少将（内郷）
独立歩兵第六旅団　門脇幹衛大佐（安慶）

○第六軍　十川次郎中将（杭州）
第七十師団　内田孝行中将（嘉興）
第百三十三師団　野地嘉平中将（杭州）
独立混成第六十二旅団　長岑喜一中将（松江）
独立混成第八十九旅団　梨岡寿男少将（奉化）
独立混成第九十一旅団　宇野節少将（慈谿）

○第二十三軍　田中久一中将（広東）
策百四師団　末藤知文中将（海豊）
第百二十九師団　鵜沢尚信中将（淡水）
第百三十師団　近藤新八中将（番禺）
独立混成第二十三旅団　下河辺憲二少将（仏山）
独立歩兵第八旅団　加藤章少将（源潭）
独立歩兵第十三旅団　川上護大佐（広東）
〈支那派遣軍直轄部隊〉
第三師団　辰巳栄一中将（鎮江）
第十三師団　吉田峯太郎中将（長沙）
第二十七師団　落合甚九郎中将（南昌）
第三十四師団　伴健雄中将（九江）
第四十師団　宮川清三中将（南昌）
第百三十一師団　小倉達次中将（安慶）
第十三飛行師団　吉田喜八郎中将（南京）

●南方軍　寺内寿一大将（仏印・ダラット）

○ビルマ方面軍　木村兵太郎大将（ビルマ・モールメン）

　第二十八軍　桜井省三中将（ビルマ・モールメン）

　　第五十四師団　宮崎繁三郎中将（ビルマ・ジュウエジン）

　　独立混成第七十二旅団　小原金祐少将（ビルマ・ムトン）

　第三十三軍　本多政材中将（ビルマ・タトン）

　　第十八師団　中永太郎中将（ビルマ・チャイト）

　　第四十九師団　竹原三郎中将（ビルマ・タトン）

　　第五十三師団　林義秀中将（ビルマ・シッタン）

〈ビルマ方面軍直轄部隊〉

　　第三十一師団　河田槌太郎中将（ビルマ・タトン）

　　第三十三師団　田中信夫中将（タイ・ナコンナヨーク）

　　第五十六師団　松山祐三中将（ビルマ・ケマピ）

　　独立混成第二十四旅団　作間喬宣少将（ビルマ・タウンビサヤ）

　　独立混成第百五旅団　松井秀治少将（ビルマ・タトン）

○第七方面軍　板垣征四郎大将（シンガポール）
第二十五軍　田辺盛武中将（スマトラ・プキチンギ）
近衛第二師団　久野村桃代中将（スマトラ・メダン）
独立混成第二十五旅団　尾本喜三郎少将（スマトラ・パダン）
第二十九軍　石黒貞蔵中将（マレー・タイピン）
第三十七師団　佐藤賢了中将（タイ・ナコンナヨック県　バーンナー）
第九十四師団　井上芳佐中将（タイ・スンゲイパタニー）
独立混成第三十五旅団　佐藤為徳少将（アンダマン島）
独立混成第三十六旅団　斉俊男少将（ニコバル島）
独立混成第三十七旅団　皆伝武久大佐（小アンダマン島）
独立混成第七十旅団　小田正人少将（マレー・クアラサンガル）
第十六軍　長野祐一郎中将（ジャカルタ）
第四十八師団　山田国太郎中将（チモール島）
独立混成第二十七旅団　馬淵逸雄少将（ジャワ・バンドン）
独立混成第二十八旅団　岩部重雄少将（ジャワ・スラバヤ）
第三十七軍　馬場正郎中将（ボルネオ・サボン）
独立混成第五十六旅団　明石泰二郎少将（ボルネオ・テノム）

独立混成第七十一旅団　山村兵衛少将（ボルネオ・クチン）
〈第七方面軍直轄部隊〉
第四十六師団　国分新七郎中将（マレー・クルアン）
独立混成第二十六旅団　尾子熊一郎少将（シンガポール）

○第十四方面軍　山下奉文大将（フィリピン・ルソン島）
第三十五軍　鈴木宗作中将（ミンダナオ島・サグント）
第一師団　片岡董中将（セブ島・イリハン）
第十六師団　牧野四郎中将（レイテ島・カンギポット）
第二十六師団　山県栗花生中将（レイテ島・カンギポット）
第三十師団　両角業作中将（ミンダナオ島・サグント）
第百師団　原田次郎中将（ミンダナオ島・タモガン）
第百二師団　福栄真平中将（セブ島・イリハン）
独立混成第五十四旅団　北条藤吉中将（ミンダナオ島、サンボアンガ）
独立混成第五十五旅団　鈴木鉄三少将（フィリピン・ホロ島）
第六十八旅団　来栖猛夫少将（レイテ島・ビリヤバ）
第四十一軍　横山静雄中将（ルソン島・モンタルバン）

第八師団　横山静雄中将（ルソン島・モンタルバン）
〈第十四方面軍直轄部隊〉
第十師団　岡本保之中将（ルソン島・ピナパガン）
第十九師団　尾崎義春中将（ルソン島）
第二十三師団　西山福太郎中将（ルソン島）
第百三師団　村岡豊中将（ルソン島）
第百五師団　津田義武中将（ルソン島）
戦車第二師団　岩仲義治中将（ルソン島）
第一挺進集団　塚田理喜智中将（ルソン島）
独立混成第五十八旅団　佐藤文蔵少将（ルソン島）
第四飛行師団　三上喜三中将（ルソン島）

○第十八方面軍　中村明人中将（タイ・バンコク）
第十五軍　片村四八中将（タイ・ランパン）
第四師団　木村松治郎中将（タイ・ランパン）
〈第十八方面軍直轄部隊〉
第十五師団　渡左近中将（タイ・カンチャナブリ）

第二十二師団　平田正判中将（タイ・バンコク）
独立混成第二十九旅団　佐藤源八少将（タイ・プラチュアップ・キリカン）
第二軍　豊島房太郎中将（セレベス島・ピンラン）
第五師団　山田清一中将（セラム島・ピル）
第三十二師団　石井嘉穂中将（ハルマヘラ島・ワシレ）
第三十五師団　池田浚吉中将（ニューギニア・ソロン）
第三十六師団　田上八郎中将（ニューギニア・サルミ）
独立混成第五十七旅団　遠藤新一少将（セレベス島・トモホン）
独立混成第百二十八旅団　宮内幸五郎大佐（ハルマヘラ島・ワシレ）
第十八軍　安達二十三中将（ニューギニア・タンボク）
第二十師団　中井増太郎中将（ニューギニア・アリス）
第四十一師団　真野五郎中将（ニューギニア・チャイゴーリ）
第五十一師団　中野英光中将（ニューギニア・クッシャム）
第三十八軍　土橋勇逸中将（仏印・ハノイ）
第二師団　馬奈木敬信中将（仏印・サイゴン）
第二十一師団　三国直福中将（仏印・ハノイ）
第五十五師団　佐久間亮三中将（仏印・プノンペン）

独立混成第三十四旅団　服部尚志少将（仏印・ユエ）
第三航空軍　木下敏中将（シンガポール）
第五飛行師団　服部武士中将（仏印・プノンペン）
第九飛行師団　白銀重二中将（スマトラ島・ラハト）
第五十五航空師団　北川潔水少将（シンガポール）
〈南方軍直轄部隊〉
第十四師団　井上貞衛中将（パラオ）
独立混成第四十九旅団　江藤大八大佐（パラオ）
独立混成第五十三旅団　山口武夫少将（パラオ）

○第八方面軍　今村均大将（ラバウル）
第十七軍　神田正種中将（ブーゲンビル島・ブイン）
第六師団　秋永力中将（ブーゲンビル島）
独立混成第三十八旅団　木島袈裟雄少将（ブーゲンビル島）
〈第八方面軍直轄部隊〉
第十七師団　酒井康中将（ラバウル）
第三十八師団　影佐禎昭中将（ラバウル）

独立混成第三十九旅団　坂本末雄中将（ラバウル）
独立混成第四十旅団　伊東武夫中将（ニューアイルランド島）
第六十五旅団　松田巌中将（ラバウル）
第三十一軍　麦倉俊三郎中将（トラック）
第五十二師団　麦倉俊三郎中将（トラック）
独立混成第五十旅団　北村勝三少将（メレヨン）
独立混成第五十一旅団　伊集院謙信少将（トラック）
独立混成第五十二旅団　渡辺雅夫少将（ポナペ）

●航空総軍司令部（帥）（東京）
軍司令官・河辺正三大将（十九期）
参謀長・田副登中将（二十六期）
参謀副長・三輪潔少将（三十三期）
第一課長・宮子実大佐（三十六期）
第二課長・小森田親玄大佐（三十四期）
第三課長・松前未曾雄大佐（三十八期）

第一独立飛行隊・大室孟少佐（四十五期）
第二独立飛行隊・有川俊千代中佐（三十六期）
第二十八独立飛行隊・江頭多少佐（四十二期）
第七輸送飛行隊・伴徳治少佐
第八輸送飛行隊・増田功中佐（三十六期）
第三十一航空情報隊　恵美時定中佐（三十八期）
第三十二航空情報隊・瀬戸山哲夫少佐（五十一期）
第三十三航空情報隊・平塚晃中佐（三十八期）

○三方原教導飛行団司令部
団長・山脇正男少将（二十八期）
第一航空軍教育隊・安東貞雄大佐（二十九期）
中央航空路部司令部・田中誠三少将（二十六期）
陸軍航空輸送部・堀内旭少将（三十一期）
陸軍航空基地設定練習部部長・平田勝治中将（二十八期）

○第五十一航空師団司令部（岐阜）
師団長・石川愛中将（二十七期）
参謀長・林順二大佐（三十二期）
○第四航空教育団司令部（岐阜）
団長・谷内誠一大佐（二十五期）
○第五十二航空師団司令部（熊谷）
師団長・山中繁茂中将（二十六期）
参謀長・橘高鉄雄大佐（三十八期）
○第三航空教育団司令部（所沢）
団長・平田勝治中将（二十八期）
○第五十三航空師団司令部（京城）
師団長・広田豊中将（二十七期）
参謀長・岡本修一大佐（三十三期）

○第二航空教育団司令部
団長・安達三朗少将（二十六期）
第七航空通信連隊・竹内和信大佐（三十二期）
第三十一航空通信連隊・野口重義少佐（四十四期）
第一航空情報連隊・家村慎三中佐（三十二期）

●航空総軍　河辺正三大将（東京）
第一航空軍　安田武雄中将（東京）
第十飛行師団　近藤兼利中将（東京）
第十一飛行師団　北島熊男中将（大阪）
第六航空軍　菅原道大中将（福岡）
第十二飛行師団　土生秀治少将（山口県小月）
〈航空総軍直轄部隊〉
第五十一航空師団　石川愛中将（岐阜）
第五十二航空師団　山中繁茂中将（埼玉県熊谷）
第五十三航空師団　広田豊中将（京城）

第二十戦闘飛行集団　青木武士三中将（愛知県小牧）
第三十戦闘飛行集団　三好康之少将（熊本）

内地鉄道隊　三原修二少将（東京）
船舶司令部　佐伯文郎中将（広島）

第一気象連隊・武藤武治中佐（三十六期）
第一航測連隊・森田豊少佐（四十二期）

◯第一航空軍司令部　（燕）（調布）
軍司令官・安田武雄中将（二十一期）
参謀長・原田貞憲少将（三十一期）
高級参謀・河辺忠三郎大佐（三十四期）

•第五飛行団司令部（西筑波）
飛行団長・野本重男中佐（四十二期）

飛行第七十四戦隊・丹羽多四良少佐（四十七期）

●第十二飛行団司令部（高萩）

飛行団長・鈴木五郎中佐（四十二期）

飛行第一戦隊・四至本広之丞大尉（五十四期）

飛行第十一戦隊・溝口雄二少佐（五十二期）

●第二十六飛行団司令部（鉾田）

飛行団長・高品朋少将（三十二期）

飛行第三戦隊・並木好文少佐（四十五期）

飛行第七十五戦隊・中川範治少佐（四十七期）

飛行第十四戦隊・吉田大八少佐（四十八期）

第十六独立飛行隊・平松賢二少佐（四十五期）

第四十航空地区司令部・正山仰願中佐

第六十二航空地区司令部・高浜賢治郎大佐

第十七航空地区司令部・檜皮研三大佐

●第四航空通信司令部
司令官・遠藤庄一少将（三十期）
第十三航空通信連隊・竹内和信大佐

●第十飛行師団司令部（天翔）（東京）
師団長・近藤兼利中将（二十六期）
参謀長・笹尾宏大佐（三十六期）
飛行第十八戦隊・黒田武文少佐（四十五期）
飛行第二十三戦隊・谷口正義少佐（四十七期）
飛行第五十三戦隊・児玉正人少佐（四十六期）
飛行第七十戦隊・坂戸篤行少佐（五十二期）
第四十六航空地区司令部　杉本健次郎大佐

●第十一飛行師団司令部（天鷲）（大阪）
師団長・北島熊男中将（二十九期）
参謀長・神崎清大佐（三十六期）

・第二十三飛行団司令部（小牧）
　飛行団長・二田原憲治郎大佐（三十期）
　飛行第五戦隊・山下美明少佐（五十一期）
　飛行第五十五戦隊・小林賢二郎少佐（五十三期）
　飛行第五十六戦隊・古川治良少佐（五十期）
　飛行第二百四十六戦隊・石川貫之少佐
　第四十七航空地区司令部・外池弥中佐

・第二十戦闘飛行集団司令部（高松）
　集団長・青木武三中将（二十七期）
　高級参謀・新藤常右衛門大佐（三十六期）
　飛行第百十一戦隊・石川正中佐（四十期）
　飛行第百十二戦隊・椿原秀見中佐（三十八期）

・第三十戦闘飛行集団司令部（熊本）
　集団長・三好康之少将（三十一期）

●第十六飛行団司令部（下館）
飛行団長・山田邦雄中佐（四十二期）
飛行第五十一戦隊・池田忠雄少佐（五十三期）
飛行第五十二戦隊・高野明少佐（五十二期）
飛行第五十九戦隊・西進少佐（五十期）
飛行第二百四十四戦隊・小林照彦少佐（五十三期）
飛行第六十二戦隊・小野祐三郎少佐（五十期）

第十七独立飛行隊・川村良吉少佐（五十期）

●第一挺進団司令部
団長・中村勇大佐（三十六期）
挺進第一連隊・山田秀男中佐（四十期）
挺進第二連隊・大崎邦男中佐（四十一期）

●第一挺進飛行団司令部
団長・河島慶吾大佐（三十三期）

挺進飛行第一戦隊・弘中郁夫少佐（四十七期）
滑空飛行第一戦隊・古林忠一少佐（四十三期）

◯第六航空軍司令部（靖）（福岡）
軍司令官・菅原道大中将（二十一期）
参謀長・川島虎之輔少将（三十一期）
高級参謀・鈴木京大佐（三十五期）
高級参謀・皆元勝雄大佐（三十八期）
高級参謀・羽牟慶太郎大佐（三十六期）

・第六飛行団司令部（福岡）
飛行団長・今津正光大佐（三十三期）
飛行第六十五戦隊・吉田穆少佐（五十二期）
飛行第六十六戦隊・藤井権吉少佐（四十四期）

・第七飛行団司令部（福岡）
飛行団長・立花四郎中佐（四十期）

・第二十一飛行団司令部（大阪）
飛行団長・山県有光大佐（三十七期）

・第百飛行団司令部（高松）
飛行団長・秋山紋次郎大佐（三十七期）
飛行第百一戦隊・坂元美岳少佐（五十三期）
飛行第百三戦隊・東條道明少佐（五十期）
飛行第六十戦隊・渥美光中佐（四十三期）
飛行第百十戦隊・草刈武男少佐（四十七期）
飛行第四十五戦隊・竹下福寿少佐（四十四期）

第十二独立飛行隊・入田実中佐（四十二期）

・第二十七飛行団司令部（児玉）
飛行団長・野中俊雄大佐（三十六期）
飛行第七戦隊・高橋猛少佐（四十四期）
飛行第九十八戦隊・宇木素道少佐（四十四期）

第二百六独立飛行隊・蓑毛松次中佐（三十四期）
第四十一航空地区司令部・藤崎秀一大佐
第四十五航空地区司令部・芳賀栄政大佐
第四十九航空地区司令部・巽善一大佐
第六十航空地区司令部・西岡延次大佐
第六十一航空地区司令部・宮城重大佐

●第十二飛行師団司令部（天風）（小月）
師団長・土生秀治少将（三十一期）
参謀長・古川一治大佐（三十七期）
飛行第四十七戦隊・奥田暢少佐（五十二期）
飛行第四戦隊・町田久雄少佐（四十七期）
飛行第七十一戦隊・綾部逸雄少佐（四十九期）
第五十一航空地区司令部・大藪直一郎中佐

●第一航空通信司令部
司令官・三木勝一大佐（三十期）

第十八航空通信連隊・平山弥市中佐（三十三期）
第十九航空通信連隊・野辺田義夫大佐（三十三期）

・内地鉄道司令部（東京）

司令官・三原修二少将（二十九期）

参謀長・松永成介大佐（三十三期）

・東京地区鉄道司令部
・名古屋地区鉄道司令部・岡鉄之助少将
・大阪地区鉄道司令部・加藤定少将
・広島地区鉄道司令部・阿部芳光大佐
・門司地区鉄道司令部・安達与助少将
・仙台地区鉄道司令部・河村弁治大佐
・新潟地区鉄道司令部・田中武次少将
・札幌地区鉄道司令部・鈴木敬司少将

・教導鉄道団司令部（津田沼）

団長・松永成介大佐
鉄道第十六連隊・江畑広雄中佐
鉄道第十七連隊・佐藤今朝次郎少佐
鉄道第二連隊・越川外次郎中佐

- 船舶司令部（暁）（宇品）
  司令官・佐伯文郎中将（二十三期）
  参謀長・馬場英夫少将（二十九期）
  陸軍船舶練習部・芳村正義中将（二十八期）
- 教育船舶兵団司令部（宇品）
  兵団長・沢田保富中将（二十五期）
- 船舶砲兵団・中井千万騎少将（三十期）
- 第一船舶輸送司令部
  司令官・田辺助友少将（二十六期）
  参謀長・解良七郎大佐（三十七期）

船舶工兵第三十五連隊・飯田安之少佐
船舶工兵第三十六連隊・安達守家少佐

・第五船舶輸送司令部（小樽）
司令官・鈴木敬司少将（兼任）
第三船舶団長・小野富三郎大佐（二十四期）
第十三船舶団長・松長梅一大佐（三十一期）
第十四船舶団長・村中四郎大佐（三十一期）
第十五船舶団長・森木明義大佐（三十期）
第十六船舶団長・橋本定寿大佐（二十六期）

東北軍管区（第十一方面軍司令官兼任）

・弘前師管区司令部
司令官・伊藤知剛中将（十九期）
参謀長・小林捨三大佐（三十一期）

・仙台師管区司令部
司令官・高木義人中将（十九期）
参謀長・岡本政継大佐（三十三期）

東部軍管区（第十二方面軍司令官兼任）
気球連隊・井上茂大佐（二十五期）
独立工兵第二十一連隊・小柏慶吉中佐
独立工兵第二十五連隊・内田舜二少佐
新潟陸軍輸送統制部・渡辺信吉少将（二十九期）

・近衛第一師団司令部（隅）（東京）
師団長・森赳中将（二十八期）
参謀長・水谷一生大佐（三十三期）
森師団長は八月一五日に暗殺され、後藤光蔵中将（二十九期）着任。参謀長も同日石川晋大佐（三十五期）に替わる。
近衛歩兵第一連隊・渡辺多粮大佐（三十一期）

近衛歩兵第二連隊・芳賀豊次郎大佐（二十八期）
近衛歩兵第六連隊・西勝男大佐（二十八期）
近衛歩兵第七連隊・皆美貞作大佐（二十五期）
近衛騎兵連隊・伊東力大佐（二十九期）
近衛野砲兵第一連隊・岸武太夫大佐（二十六期）
近衛工兵第一連隊・岩佐隆大佐（二十九期）

●東京師管区司令部

司令官・飯村穣中将（兼任）
参謀長・江湖要一少将（兼任）

●宇都宮師管区司令部

司令官・関亀治中将（十九期）
参謀長・伴信也少将（二十八期）

●長野師管区司令部

司令官・平林盛人中将（二十一期）

参謀長・内田謙三良大佐（三十期）

東海軍管区（第十三方面軍司令官兼任）

・名古屋師管区司令部

司令官・鷲津鈆平中将（十八期）

参謀長・岩崎岩大佐（三十二期）

伊勢警備隊・河野欣吾中佐（三十三期）

・金沢師管区司令部

司令官・藤田進中将（十六期）

参謀長・高橋辨大佐（二十九期）

中部軍管区（第十五方面軍司令官兼任）

重砲兵第五連隊・金丸清俊中佐（三十五期）

舞鶴要塞司令部・丸山八束大佐（二十四期）

米倉雄吉中佐（三十期）
舞鶴重砲兵連隊・米倉雄吉中佐（三十期）
陸軍教化隊・野村條吉大佐（二十七期）

・京都師管区司令部
司令官・浜本喜三郎中将（十八期）
参謀長・斎藤二郎大佐（三十四期）

・大阪師管区司令部
司令官・渡辺正夫中将（二十一期）
参謀長・原田貞三郎大佐（三十一期）

・第十一警備司令部　村井清規少将（十四期）

・中国軍管区司令部（広島）
軍司令官・谷寿夫中将（十五期）
参謀長・松村秀逸少将（三十二期）

・四国軍管区司令部（善通寺）
　軍司令官・原田熊吉中将（二十二期）
　参謀長・藤村益蔵少将（三十期）

西部軍管区（第十六方面軍司令官兼任）

・久留米師管区司令部
　司令官・園部和一郎中将（十六期）
　参謀長・桑原光広大佐（三十期）

・熊本師管区司令部
　司令官・土橋一次中将（十八期）
　参謀長・太田重英大佐（三十二期）

・憲兵司令部（東京）
　司令官・大城戸三治中将（二十五期）
　本部長・石田乙五郎中将（二十五期）

・北部憲兵隊司令部・赤藤庄次少将（二十七期）旭川
・東北憲兵隊司令部・林清大佐（二十七期）仙台
・東部憲兵隊司令部・大谷敬二郎大佐（三十一期）東京
・東海憲兵隊司令部・美座時成大佐（二十八期）名古屋
・中部憲兵隊司令部・長友次男少将（二十六期）大阪
・中国憲兵隊司令部・瀬川寛大佐（二十九期）広島
・四国憲兵隊司令部・大田清一大佐（三十一期）善通寺
・西部憲兵隊司令部・高田典文大佐（二十八期）福岡

■帝国陸軍本土決戦用陸用兵器

- 五式自動小銃（米軍M1ガーランド相当）
- 一式重機関銃（九二式を軽量化して二人で運べる）
- 一〇〇式機関短銃（空挺部隊、ゲリラ隊用小型軽量）
- 無反動砲（試製五式四十五粍簡易無反動砲、試製八十一粍無反動砲）
- 五式十五糎高射砲（二万メートルまで遠く、B29を落とした）
- 噴進砲（七～四十センチ対戦車バズーカ砲）
- 奮龍（耐空ロケット砲）
- 三式中戦車（七十五ミリ砲搭載、米国M4シャーマン中戦車より強い）
- 四式中戦車（米軍が驚く性能）
- 五式戦車（最新戦車）
- 三式砲戦車（七十五ミリ自走砲）

〈野山砲〉

・三八式野砲
・改造三八式野砲
・四一式野砲
・九〇式野砲
・機動九〇式野砲
・九四式四屯牽引車
・九五式野砲
・九一式十糎榴弾砲
・機動九一式十糎榴弾砲
・四一式山砲
・歩兵用四一式山砲
・九九式十糎山砲
・九四式山砲
・試製一式十糎山砲
・試製一式七糎半山砲

〈野戦重砲〉

・三八式十糎加農
・九二式十糎加農
・十四年式十糎加農
・三八式十五糎榴弾砲
・四年式十五糎榴弾砲
・九六式十五糎榴弾砲
・ラ式十五糎榴弾砲

〈要塞砲〉

・四五式十五糎加農
・九〇式十五糎加農
・八九式十五糎加農
・九六式十五糎加農
・試製大威力十糎加農
・四五式二十四糎榴弾砲
・九六式二十四糎榴弾砲

・二十八糎榴弾砲
・七年式三十糎短榴弾砲
・七年式三十糎長榴弾砲
・試製四十一糎榴弾砲
・鋼製十五糎臼砲
・九八式臼砲
・試製二十糎臼砲

〈歩兵砲・対戦車砲〉
・九二式歩兵砲
・四一式山砲
・九七式曲射歩兵砲
・九四式三十七粍砲
・一式三十七粍対戦車砲
・一式三十七粍砲
・一式機動四十七粍砲
・試製機動五十七粍砲

・らくいち五十七粍砲

〈戦車砲・自走砲〉

・九九式七糎半戦車砲Ⅱ型
・五式七糎半戦車砲（長）
・試製十糎戦車砲（長）
・一式七糎半自走砲
・一式十糎自走砲
・四式十五糎自走砲

〈高射砲・機関砲〉

・十四年式十糎高射砲
・八八式七糎野戦高射砲
・九九式八糎高射砲
・試製十糎半陣地高射砲
・試製四十七粍高射砲
・試製七糎高射砲

・三式十二糎高射砲
・四式七糎半高射砲
・五式十五糎高射砲（B29用）
・九八式高射機関砲
・二式多連二十粍高射機関砲
・五式（ボ式）四十粍機関砲

〈迫撃砲・噴進砲〉
・九四式軽迫撃砲
・九七式軽迫撃砲
・九六式中迫撃砲
・九七式中迫撃砲（長・短）
・試製曲射大隊砲
・二式十二糎迫撃砲
・九六式重迫撃砲
・九九式小迫撃砲
・試製十五糎多連装噴進砲

●試製四式七糎噴進砲
●試製二十糎二十四糎共進木製噴射砲
●四式二十糎噴進砲
●試製四式四十糎木製噴進砲

〈舟艇砲〉
●四式三十七粍舟艇砲
●試製四式七糎半舟艇砲

〈列車砲、装甲列車〉
●九〇式二十四糎列車加農
●臨時装甲列車
●九四式装甲列車

〈砲塔加農〉
●三十糎・四十糎加農

・梅花

パルスジェット機。機首に一〇〇キロ爆弾を積む。

・神龍

火薬ロケットで発進し、滑空して一〇〇キロ爆弾ごと体当たりするより簡易な特攻機。比叡山の山上からカタパルトでとばし、東海沖の機動部隊を攻撃する作戦。安く簡単に造れる、レーダーで捕らえにくいこと、爆音がしないことなどで夜間特攻などには有利。

来襲を予想される敵の艦船は三〇〇〇隻で、このうち、航空特攻で五〇〇隻、海上特攻で一二五隻を沈めることが目標であった。各特攻兵器の予想命中率は、航空特攻六分の一、水中特攻三分の一、海上特攻一〇分の一と想定。

・㋹艇（陸軍）

頭部または尾部に三〇〇キロの爆薬をのせ、ベニヤ製の艇体を自動車エンジンで走らせるモーターボート。

・五式肉迫撃艇

火薬ロケットで速力を増し、先端に効果の大きい有孔成形爆薬をつける。

・け装置付き肉迫攻撃艇
敵艦の煙からの熱線を感知して走る無人艇。

・雷撃艇
陸軍のベニヤ製魚雷艇で、ベニヤ製ロケット推進式の簡易魚雷二本を両脇にかかえる。

・砲撃艇
敵の上陸用艦艇群の中になぐり込み、七センチロケット砲二〇門、自動砲、機関砲の全力で掃射する。

・回天（改）
従来使われた潜水艦積載の体当たり人間魚雷を、沿岸から直接出撃できるように改装。

・蛟龍（改）
真珠湾以来の特殊潜航艇を五人乗りに大型化し、数度の反復攻撃のあと体当たりする。

・海龍
二人乗りの小型潜航艇で、魚雷発射管二のほか頭部に爆薬をつめ、人間魚雷となる。

・邀撃艇
輸送用潜水艇に発射管と爆薬をつけて、特攻用に改装。

・震海
キャタピラの付いた小型潜水艇で、磁力式爆雷を敵の艦艇に吸着させる。

・伏龍
簡易潜水具と酸素マスクをつけた潜水兵で、徒歩で海中にひそみ、輸送船に爆薬を仕かけ、やってくる上陸用舟艇を海底から刺突爆雷でつき上げる。人間機雷。

■帝国海軍

本土決戦の海軍は特攻を主とし、それに航空兵力の充実を期したが、特攻兵器は震洋、回天、海龍を主として各突撃隊に編入され、航空では桜花特攻隊が編成された。

また軍港、要港防衛のために特別陸戦隊を編成し、別に海兵団、各術科学校の兼任とする警備隊が編成され、本土の主要港湾には地方在勤武官を司令とする港湾警備隊があった。

残存する水上艦は特殊警備艦とし、航空戦艦「伊勢」「日向」、空母「葛城」、重巡「青葉」「利根」、軽巡「大淀」は呉付近に繋泊し、戦艦「長門」は横須賀に、軽巡「酒匂」と駆逐艦一〇隻を舞鶴に繋泊し、以上はすべて防空砲台としての任務についた。

終戦時の海軍部隊編成概要

部隊名（司令部所在地）

- 大本営
  - 海軍総隊（神奈川県日吉）
    - 連合艦隊（神奈川県日吉）
    - 海上護衛総隊（東京）
    - 横須賀鎮守府（横須賀）
    - 呉鎮守府（呉）
    - 舞鶴鎮守府（舞鶴）
    - 佐世保鎮守府（佐世保）
  - 南西方面艦隊（フィリピン・ルソン島）
  - 南東方面艦隊（ラバウル）

●海軍総司令部（日吉）

○連合艦隊司令部（日吉）

司令長官・小沢治三郎中将（三十七期）

参謀長・矢野志加三少将（四十三期）

参謀副長・菊池朝三少将（四十五期）

参謀副長・松原博少将（四十五期）

参謀副長・久安房吉大佐（機二十八期）

首席参謀・山岡三子夫大佐（四十九期）

・第三航空艦隊司令部（大和）

司令長官・寺岡謹平中将（四十期）

参謀長・山澄忠三郎大佐（四十八期）

首席参謀・佐々木彰大佐（五十一期）

・第十三航空戦隊

司令官・伊藤良秋少将（四十三期）

大井航空隊・奈良孝雄大佐（四十九期）
鈴鹿航空隊・出口茂大佐（五十一期）
大和航空隊・内田市太郎大佐（四十期）
峯山航空隊・小関晟大佐（五十期）
青島航空隊・大竹嘉重郎大佐（四十八期）
鹿島航空隊・大橋富士郎大佐（四十六期）
第三岡崎航空隊・山下栄大佐（四十九期）
第二河和航空隊・磯部太郎大佐（機三十一期）

- 第五十三航空戦隊

司令官・高次貫一少将（四十四期）
二一〇航空隊・薗川亀郎中佐（五十二期）
三三二航空隊・八木勝利中佐（五十四期）

- 第七十一航空戦隊

司令官・山本栄大佐（四十六期）
二五二航空隊・榊原喜与二中佐（五十五期）

三〇二航空隊・小園安名大佐（五十一期）
筑波航空隊・五十嵐周正中佐（五十六期）
関東航空隊・高橋雄次少将（四十四期）
東海航空隊・江島久雄大佐（四十七期）
近畿航空隊・佐藤治三郎大佐（四十八期）
六〇一航空隊・杉山利一中佐（五十一期）
七二二航空隊・渡辺薫雄《しげお》大佐（五十期）
七〇六航空隊・安川正治大佐（四十七期）
一三一航空隊・浜田武夫大佐（四十八期）
七五二航空隊・菊岡徳次郎大佐（四十九期）

●第五航空艦隊司令部（大分）
司令長官・宇垣纒中将（四十期）
参謀長・横井俊之少将（四十六期）
参謀副長・高橋千隼大佐（四十七期）
参謀副長・守弘作郎大佐（機二十八期）
首席参謀・宮崎隆大佐（五十二期）

●第十二航空戦隊
司令官・城島高次少将（四十期）
博多航空隊・高尾儀六大佐（四十六期）
築城航空隊・山路一行大佐（四十九期）
諫早航空隊・竹中正雄中佐（五十一期）
天草航空隊・室田勇次郎大佐（五十期）
釜山航空隊・高橋俊策大佐（四十八期）
岩國航空隊・岡村徳長中佐（四十五期）
福山航空隊・渡名喜守定大佐（五十期）
徳島航空隊・川元徳次郎大佐（四十八期）
高知航空隊・加藤秀吉大佐（四十八期）
西条航空隊・小橋義亮大佐（三十七期）
観音寺航空隊・菅原正雄大佐（四十六期）

●第三十二航空戦隊
司令官・田口太郎少将（四十七期）

六三四航空隊・立見孝六郎大佐（五十一期）
七六二航空隊・久野修三大佐（四十九期）
九三一航空隊・峰松巌大佐（四十八期）

●第七十二航空戦隊

司令官・山本親雄少将（四十六期）
二〇三航空隊・吉富茂馬中佐（五十五期）
三四三航空隊・源田實大佐（五十二期）
三五二航空隊・山田龍人中佐（五十八期）
九州航空隊・山森亀之助少将（四十五期）
西海航空隊・佐土原親光大佐（四十六期）
山陰航空隊・櫛引誠雄大佐（五十期）
内海航空隊・森敬吉少将（四十五期）
朝鮮航空隊・近藤勝治少将（四十六期）
詫間航空隊・松浦義大佐（四十九期）
七〇一航空隊・榎尾義男大佐（五十一期）
七二一航空隊・岡村基春大佐（五十期）
八〇一航空隊・江口英二大佐（五十二期）

一七一航空隊・木暮寛大佐（五十二期）

・第十航空艦隊司令部（霞ヶ浦）
司令長官・前田稔中将（四十一期）
参謀長・神重徳大佐（四十八期）
首席参謀・井上勇大佐（五十一期）

・第十五連合航空隊（操縦教育）
司令官・三木森彦少将（四十期）
霞ヶ浦航空隊・和田三郎大佐（四十六期）
谷田部航空隊・船木守衛大佐（四十八期）
神町航空隊・佐藤清茂大佐（四十五期）
元山航空隊・青木泰二郎大佐（四十一期）
松島航空隊・沢勇夫大佐（四十六期）
第二郡山航空隊・島峯次大佐（四十四期）
百里原航空隊・山中龍太郎大佐（四十九期）
奥羽航空隊・関郁乎少将（四十三期）

豊橋航空隊・海東啓六大佐（四十六期）
名古屋航空隊・鈴木栄二郎大佐（五十二期）

・第十二航空艦隊司令部（千歳）
司令長官・宇垣完爾中将（三十九期）
（当司令部は大湊警備府と兼任）
北東航空隊・大橋恭三大佐（四十八期）

・第一〇四戦隊
司令官・渡辺清七少将（四十二期）

宗谷防備隊

・第六艦隊司令部（呉）
司令長官・醍醐忠重中将（四十期）
参謀長・佐々木半九少将（四十五期）
首席参謀・井浦祥二郎大佐（五十一期）

第一潜水隊・有泉龍之助大佐（五十一期）
第十五潜水隊・揚田清猪大佐（五十期）
第十六潜水隊・今和泉喜次郎大佐（四十四期）
第五十二潜水隊・田上明次大佐（五十一期）

●第十一潜水戦隊
司令官・仁科宏造少将（四十四期）
第六三一航空隊　有泉大佐の兼任

●第七艦隊司令部（門司）
司令長官・岸福治中将（四十期）
参謀長・藤原喜代間少将（四十五期）
首席参謀・南六右衛門大佐（五十一期）
対馬警備隊・藤田友造大佐（四十六期）

●第一〇三戦隊
司令官・久宗米次郎少将（四十一期）

連合艦隊付属

・第一〇一航空戦隊（輸送機部隊）
司令官・勝俣静三少将（機二十五期）
一〇〇一航空隊・金井倉太郎大佐（機三十期）
一〇二二航空隊・那須和大佐（機三十一期）
一〇八一航空隊・台由男大佐（機二十九期）
七二三航空隊・青木武大佐（五十一期）
七二四航空隊・伊東祐満大佐（五十一期）

・第一連合通信隊
司令官・野村留吉少将（四十六期）軍令部第四部長兼大本営特務班長兼任
東京通信隊・森川信也大佐（五十期）
大和田通信隊・森川秀也大佐（五十期）兼任

・第十特攻戦隊（内海西部）
司令官・大和田昇少将（四十四期）
第一〇一突撃隊・揚田清猪大佐（五十期）

第一〇二突撃隊・殿塚謹三大佐（五十期）
大浦突撃隊・池沢政幸大佐（五十二期）
小豆島突撃隊・大谷清教大佐（四十九期）
大島防備隊・谷口秀志大佐（四十九期）

○海上護衛総司令部（東京）
司令長官・小沢中将兼任
参謀長・西尾秀彦中将（四十四期）

○第一護衛艦隊司令部
司令長官・田結穣《みのる》中将（兼任、三十九期）
参謀長・鳥越新一少将（四十三期）
参謀副長・後藤光太郎少将（四十六期）第一護衛艦隊参謀長兼任

・九〇一航空隊
司令官・堀内茂忠少将（四十六期）

●第一〇五戦隊

司令官・松山光治少将（四十期）
第一海防隊・山香哲雄大佐（五十一期）
第十二海防隊・角町与平中佐（五十六期）
第二十一海防隊・安並正俊大佐（五十期）
第二十二海防隊・阿部徳馬大佐（五十期）
第二海防隊・林　利作大佐（五十期）

●横須賀鎮守府

司令長官・戸塚道太郎中将（三十八期）
参謀長・古村啓藏少将（四十五期）
参謀副長・川畑正治少将（四十七期）
参謀副長・伴義一大佐（機二十七期）
首席参謀・小野良二郎大佐（四十八期）
横須賀航空隊・松田千秋少将（四十四期）
館山航空隊・鬼塚武二大佐（四十七期）
三一二航空隊・柴田武雄大佐（五十二期）

●第一特攻隊（東京湾）
司令官・大林末雄少将（四十三期）
第十一突撃隊・藤田菊一大佐（五十期）
第十五突撃隊・宇垣環大佐（五十期）
第十六突撃隊・小山貞大佐（五十期）
第十八突撃隊・高橋勝一中佐（五十四期）
第七十一突撃隊・新谷喜一大佐（五十期）
横須賀突撃隊・大石保大佐（四十八期）

●第四特攻戦隊（伊勢湾）
司令官・三戸寿少将（四十二期）
第十三突撃隊・板倉得止大佐（四十二期）
第十九突撃隊
八丈島突撃隊・中川寿雄大佐（五十期）

●第七特攻戦隊（房総半島）

司令官・杉浦矩郎大佐（四十七期）
第十二突撃隊・牧野坦大佐（五十一期）
第十四突撃隊・大田春男大佐（四十九期）
第十七突撃隊・吉富善之助中佐（五十二期）

・第二十連合航空隊
司令官・久邇宮朝融王中将（四十九期）
土浦航空隊・藤吉直四郎少将（四十四期）
三重航空隊・加藤尚雄少将（四十一期）
田浦航空隊・土田久雄中佐（五十一期）
藤沢航空隊・上田泰彦大佐（四十七期）
滋賀航空隊・別府明朋少将（三十八期）
清水航空隊・上田俊次大佐（機三十一期）
洲ノ崎航空隊・山県駿二大佐（四十五期）
第一相模野航空隊・篠崎磯次大佐（機二十八期）
第二相模野航空隊・同右兼任
第一郡山航空隊・板倉武大佐（機三十一期）

第一岡崎航空隊・渡辺次郎大佐（機三十一期）
第二岡崎航空隊・村角安三大佐（機三十一期）
第一河和航空隊・田中和四郎大佐
香取航空隊・惣野赳夫大佐（機三十一期）

●横鎮連合特別陸戦隊
司令官・工藤久八中将（三十九期）
第十一特別陸戦隊・大島福次郎中佐（五十二期）
第十二特別陸戦隊・松延仁一中佐（五十一期）
第十三特別陸戦隊・能登猛中佐（五十一期）
第十四特別陸戦隊・内田成志大佐（五十二期）
第十五特別陸戦隊・笹川涛平大佐（五十二期）
第十六特別陸戦隊・棚田次雄中佐（五十七期）
横須賀通信隊・植村庭三大佐（四十七期）
横須賀海兵団・伊沢石之介少将（四十三期）
武山海兵団・水野準一少将（三十七期）
浜名海兵団・浦野角造大佐（機二十七期）

横須賀防備隊・平岡義方大佐（四十七期）

●父島方面特別根拠地隊

司令官・森國造中将（四十期）

父島通信隊・吉井静雄大佐（五十一期）

母島警備隊・伊藤竹夫大佐（五十期）

●大湊警備府

司令長官・宇垣完爾中将（三十九期）第十二航空艦隊長官兼任

参謀長・鳥越新一少将（四十三期）

首席参謀・永田茂大佐（五十一期）

●大湊連合特別陸戦隊

司令官・服部勝二少将（四十四期）

第一特別陸戦隊・佐藤俊美少将（四十一期）

第二特別陸戦隊・町田操大佐（四十六期）

第三特別陸戦隊・俵安岐夫大佐（四十八期）

大湊防備隊・小原尚大佐（四十八期）
三沢航空隊・肥後武雄中佐（機三十二期）
九〇三航空隊・野元為輝少将（四十四期）
大湊通信隊・田村保郎大佐（四十五期）
厚岸防備隊・池田七郎大佐（三十八期）
占守通信隊・伊藤春樹中佐（五十八期）

●呉鎮守府

司令長官・金沢正夫中将（三十九期）
参謀長・橋本象造少将（四十三期）
参謀副長・岡田為次少将（四十五期）
参謀副長・小山敏明大佐（機二十九期）
首席参謀・寺崎隆治大佐（五十期）

●第二特攻戦隊

司令官・長井満少将（四十五期）
光突撃隊・中村二郎大佐（五十期）

平生突撃隊・沢村成二大佐（四十九期）
大神突撃隊・山田盛重大佐（五十一期）
笠戸突撃隊・松原瀧三郎大佐（五十二期）

●第八特攻戦隊
司令官・清田孝彦少将（四十二期）
第二十一突撃隊・矢野邦弘中佐（五十三期）
第二十三突撃隊・横山喜一大佐（五十期）
第二十四突撃隊・小灘利夫大佐（四十九期）
佐伯航空隊・野村勝中佐（五十二期）

●呉潜水戦隊
司令官・市岡寿少将（四十二期）
第三十三潜水隊・小泉麒一大佐（四十九期）

●呉鎮連合特別陸戦隊
司令官・久保九次中将（三十八期）

第十一特別陸戦隊・林静蔵大佐（五十一期）
第十二特別陸戦隊・鵜飼憲大佐（四十六期）
呉海兵団・板垣盛少将（三十九期）
大竹海兵団・岩越寒季少将（三十八期）
安浦海兵団・水口兵衛大佐（四十六期）
倉敷航空隊・藤村正亮大佐（四十九期）
呉航空隊・高橋俊策大佐（四十八期）
佐伯防備隊・太原進少将（三十九期）
呉通信隊・高内和義大佐（五十期）

●舞鶴鎮守府
司令長官・田結穣中将（三十九期）
参謀長・鳥越新一少将（四十三期）
参謀副長・今田乾吉大佐（機二十九期）
首席参謀・高塚忠夫大佐（四十九期）

●舞鎮連合特別陸戦隊

司令官・谷本計三少将（四十四期）
第五特別陸戦隊・河村富良夫中佐（五十四期）
第六特別陸戦隊・肥後武雄大佐（機三十二期）
舞鶴海兵団・谷本少将兼任
平海兵団・公家種次大佐（三十三期）
舞鶴突撃隊・古閑孫太郎大佐（四十九期）
防備隊・古閑大佐兼任

●第五十一戦隊
司令官・阿部孝壮中将（四十期）
第十一特別陸戦隊・友貞操一大佐（四十二期）
第十二特別陸戦隊・須知幸太郎大佐（三十九期）
第十三特別陸戦隊・竹村一郎中佐（五十二期）
第十四特別陸戦隊・小屋増男中佐（五十七期）

●佐世保海兵団
相浦海兵団・須知大佐兼任

針尾海兵団・林彙邇《しげちか》少将（四十五期）
佐世保防備隊・山田鉄夫大佐（四十九期）
垂水航空隊・貴島盛次大佐（四十四期）
九五一航空隊・森田千里大佐（四十九期）
小富士航空隊・堀九郎大佐（四十四期）
下関防備隊・稲垣義穐大佐（四十期）
佐世保通信隊・北川金光大佐（四十九期）

●鎮海警備府
司令長官・山口儀三郎中将（四十期）
参謀長・勝田治夫少将（四十六期）
首席参謀・一色高富大佐（四十九期）

●鎮海連合特別陸戦隊
司令官・新島信夫少将（四十六期）
第四十二突撃隊・浜田昇一中佐（五十四期）
鎮海防備隊・戸村清大佐（四十九期）

●元山方面特別根拠地隊
司令官・堀勇五郎少将（四十一期）

●旅順方面特別根拠地隊
司令官・小林謙五中将（四十二期）
宮古島警備隊・村尾重二大佐（機三十期）
石垣島警備隊・井上乙彦大佐（四十八期）

●第八十一戦隊
司令官・永井静治少将（四十期）
呉防備隊・直井俊夫大佐（四十七期）
徳山防備隊・清水他喜雄大佐（三十九期）

●第三十一戦隊
司令官・松本毅少将（四十五期）
第四十一駆逐隊・吉田正義大佐（五十期）
第四十三駆逐隊・作間英邇大佐（五十期）

第五十二駆逐隊・杉谷永秀大佐（五十一期）

・第五十一戦隊
司令官・西岡茂泰少将（四十期）

・第一〇五戦隊
司令官・松山光治少将（四十期）
第三十一海防隊・三瓶寅三郎中佐（五十二期）
滋賀航空隊・別府明朋少将（三十八期）
小松航空隊・本吉栄一大佐（機三十期）
美保航空隊・山崎義大佐（機二十七期）
舞鶴通信隊・安田翁大佐（四十九期）

・大阪警備府
司令長官・岡新中将（四十期）
参謀長・松崎彰少将（四十三期）
参謀副長・高田栄少将（四十六期）

首席参謀・中杉清治大佐（五十期）

・第六特攻戦隊

司令官・横井忠雄少将（四十三期）
第二十二突撃隊・阿部茂大佐（五十期）
紀伊防備隊・寺岡正雄大佐（四十六期）
高野山航空隊・千葉成男大佐（三十六期）
奈良航空隊・清宮善高大佐（機三十三期）
宝塚航空隊・木下康夫大佐（五十期）
大阪海兵団・下坊定吉少将（三十九期）
田辺海兵団・横井少将兼任

・佐世保鎮守府

司令長官・杉山六蔵中将（三十八期）
参謀長・石井敬之少将（四十三期）
参謀副長・石原聿少将（四十六期）
参謀副長・高橋長之大佐（機二十九期）

首席参謀・桑原春雄大佐（五十二期）

●第三特攻戦隊

司令官・渋谷清見少将（四十五期）

川棚突撃隊・原為一大佐（四十九期）

第三十一突撃隊・飛田健二郎大佐（五十期）

第三十四突撃隊・古賀弥周次大佐（五十期）

●第五特攻戦隊

司令官・駒沢克己少将（四十二期）

第三十二突撃隊・和智恒蔵大佐（五十期）

第三十三突撃隊・大石新一大佐（四十九期）

第三十五突撃隊・能村次郎大佐（五十期）

佐鎮連合特別陸戦隊

第四艦隊・原忠一中将（トラック）

第四根拠地隊・原忠一中将（トラック）

第六根拠地隊・原忠一中将（トラック）
第十方面艦隊・福留繁中将（シンガポール）
第十三航空艦隊・福留繁中将（シンガポール）
第二十八航空戦隊・小暮軍治中将（シンガポール）
第一南遣艦隊・福留繁中将（シンガポール）
第九特別根拠地隊・広瀬末人中将（スマトラ島・サバン）
第十特別根拠地隊・今村脩中将（シンガポール）
第十一特別根拠地隊・近藤泰一郎中将（仏印・サイゴン）
第十二特別根拠地隊・原鼎三中将（アンダマン島）
第十三特別根拠地隊・田中頼三中将（ビルマ・ラングーン）
第十五特別根拠地隊・魚住治策少将（マレー・ペナン）
第二南遣艦隊・柴田弥一郎中将（ジャワ島・スラバヤ）
第二十一特別根拠地隊・田中菊松少将（ジャワ島・スラバヤ）
第二十二特別根拠地隊・鎌田道章中将（ボルネオ島・バリクパパン）
第二十三特別根拠地隊・大杉守一中将（セレベス島・マッカサル）
第二十五特別根拠地隊・一瀬信一中将（アンボン）
〈第十方面艦隊直轄部隊〉

第二十七特別根拠地隊・佐藤四郎少将（ニューギニア・ウエワク）

〈連合艦隊直轄部隊〉

第三十一戦隊・松本毅少将（呉）

第十特攻戦隊・大和田昇少将（呉）

○海上護衛総隊・小沢治三郎中将（東京）

第一護衛艦隊・小沢治三郎中将（東京）

第百五戦隊・松山光治少将（新潟）

○支那方面艦隊・福田良三中将（上海）

第二遣支艦隊・藤田類太郎中将（香港）

香港方面特別根拠地隊・大熊譲少将（香港）

厦門方面特別根拠地隊・原田清一中将（厦門）

海南警備府・伍賀啓次郎中将（海南島）

〈支那方面艦隊直轄部隊〉

青島方面特別根拠地隊・金子繁治少将（青島）

上海方面特別根拠地隊・勝野実中将（上海）
揚子江方面特別根拠地隊・沢田虎夫中将（漢口）
上海海軍特別陸戦隊・森徳治少将（上海）

○横須賀鎮守府・戸塚道太郎中将（横須賀）
第一特攻戦隊・大林末雄少将（横須賀）
第四特攻戦隊・三戸寿少将（三重県）
第七特攻戦隊・杉浦矩郎大佐（勝浦）
第二十連合航空隊・山中朋二郎中将（静岡県大井）
父島方面特別根拠地隊・森国造中将（小笠原諸島・父島）

○呉鎮守府・金沢正夫中将（呉）
第二特攻戦隊・長井満少将（呉）
第八特攻戦隊・清田孝彦少将（呉）
第八十一戦隊・水井静治少将（呉）
呉潜水戦隊・市岡寿少将（呉）

○舞鶴鎮守府・田結穣中将（舞鶴）
　第五十一戦隊・西岡茂泰少将（舞鶴）
○佐世保鎮守府・杉山六蔵中将（佐世保）
　第三特攻戦隊・渋谷清見少将（大村）
　第五特攻戦隊・駒沢克己少将（鹿児島）
〈海軍総隊司令部直轄部隊〉
大湊警備府・宇垣完爾中将（大湊）
大阪警備府・岡新中将（大阪）
　第六特攻戦隊・横井忠雄少将（和歌山県田辺）
鎮海警備府・山口儀三郎中将（朝鮮半島・鎮海）
　元山方面特別根拠地隊・堀勇五郎少将（朝鮮半島・元山）
　旅順方面特別根拠地隊・小林謙五中将（旅順）
高雄警備府・志摩清英中将（高雄）
　高雄方面根拠地隊・黒瀬浩少将（高雄）
　馬公方面特別根拠地隊・相馬信四郎少将（澎湖島・馬公）
　第二十九航空戦隊・藤松達二大佐（台湾）

○南西方面艦隊・大川内伝七中将（ルソン島）
第三南遣艦隊・大川内伝七中将（ルソン島）
〈南西方面艦隊直轄部隊〉
第二十六航空戦隊・杉本丑衛少将（戦死）（ルソン島）
第三十根拠地隊・伊藤賢三少将（パラオ）
第三十一特別根拠地隊・岩淵三次少将（戦死）（ルソン島）
第三十二特別根拠地隊・土井直治少将（ミンダナオ島・ダバオ）
第三十三特別根拠地隊・原田覚少将（セブ島）

○南東方面艦隊・草鹿任一中将（ラバウル）
第十一航空艦隊・草鹿任一中将（ラバウル）
第八艦隊・鮫島具重中将（ブーゲンビル島・ブイン）
第一根拠地隊・武田勇少将（ブーゲンビル島・ブイン）
〈南東方面艦隊直轄部隊〉
第十四根拠地隊・田村劉吉少将（ニューアイルランド島・ガビエン）

■日本の各要塞の本土決戦準備状況

敵の予想上陸地域は上陸容易な海浜であり、長年にわたり準備した要塞は援護対象より大幅に前方へ推進、または他の重要正面に兵力を派遣して、臨時要塞・砲台等の建設に着手した。

昭和二〇（一九四五）年初頭に沿岸防備重砲兵部隊を編成し、火砲約三〇〇門が充当された。また要塞は要塞守備部隊を編成し歩兵・工兵等が増強された。

敵上陸に備える各要塞の準備状況を概観してみよう。

・下関

北九州沿岸地区に離島から撤収した火砲を備え付け、沿岸防備の築城を実施するとともに、関門地区の防備に任じた。

・長崎

長崎地区の防備を担任中、五月、要塞重砲兵は重砲兵第十七連隊に改編された。要塞は独立混成第百二十二旅団に改編して連隊を編合し、橘守備隊が配属され、長崎および諫早、大村航空基地、並びに橘地区の防衛に任じた。

・壱岐

佐世保鎮守府司令長官の指揮下に入り、五月に要塞火砲の半分を北九州沿岸防備用として転用された。

・対馬

一九（一九四四）年、南九州の内之浦臨時要塞構築に二個中隊を差し出し、二〇年に佐世保鎮守府司令長官の指揮下に入り、六月対馬兵団と呼称し同島および海峡の防衛に任じた。

・豊予

一九年、内之浦臨時要塞建設を担当。二〇年五月に独立混成第百十八旅団に改編。要塞砲兵は重砲兵第十八連隊に改編し、旅団に編合され豊後水道および沿岸地域の防衛に任じた。

・奄美大島

一九年四月、第三十二軍に編入。五月、要塞砲兵は重砲兵第六連隊に改編された。次いで七月に独立混成第六十四旅団が編成され、連隊は編合されて奄美大島および周辺島嶼の防衛に任じた。

・東京湾

二〇年初頭、要塞重砲兵連隊は要塞第一、第二砲兵隊を編成し、これらは沿岸防備に任じた。

要塞の防衛任務の重点は房総半島南部となり、司令部は横須賀から館山地区に開設。四月に要塞は守備兵団、六月には兵団となり、増強されて房総半島南部を引き続き担当し、三浦半島は横須鎮守府長官の指揮下に入った。

・津軽

二〇年五月、千島列島から北海道本島防衛強化のため兵力の一部が配属となり、守備隊は大沼地区の防衛任務が追加された。

・宗谷

二〇年五月、千島列島から第四十二師団が道北に転用され、その指揮下に入り、地下砲台等の築城を実施。樺太西能登呂砲台も六月から洞窟陣地の構築を開始し、宗谷要塞地帯の防衛に任じた。要塞本然の任務達成には、援護対象よりさらに遠方に砲台を再配置することになった。

一方本土決戦準備で侵攻を予期し重視する九州南部と関東地区正面では、新たに臨時要塞、砲台の構築および防備のため、要塞重砲兵部隊が転用されて敵の上陸作戦に備えた。

志布志湾の内之浦臨時要塞

昭和一九（一九四四）年七月、西部軍は沿岸防備強化のため、敵の予想上陸正面として志布志湾を重視し、既設要塞火砲等を転用し内之浦（別名有明）臨時要塞の構築を下令した。

この要塞は、志布志湾に対する敵の奇襲上陸に対し要塞を確保し、敵の上陸に際し努めてこれを水際で撃破することにあった。志布志海岸約一六キロ正面は、上陸適地で背後に鹿屋をはじめ五個の飛行機があり、宮崎海岸および吹上浜正面の中で最重視した。

志布志湾正面は第八十六師団が担当した。

臨時要塞の構築は、豊予要塞司令官を長とする有明作業隊を編成、歩兵一個大隊、重砲兵四個中隊（佐世保、下関から各一個中隊、対馬から二個中隊差出）、工兵一個大隊、自動車一個中隊からなり、高崎、枇榔島、鬢垂島に臨時砲台等を構築することになった。

高崎地区に十五加八門、枇榔島に十加二門、鬢垂島に十二速加二門を備え付ける予定であったが、のち十五加一門は中止された。

砲台はペトン製で敵の砲爆撃に耐えうる半永久築城であり、これらの火力をもって湾内泊地、一部をもって水際を斜射、側射できるようにし、一九年九月末概成、一二月完成を目途に工事を開始した。しかし当初、兵力不足を感じ作業隊長は、豊予要塞砲兵連隊長の指揮する一個中隊を増強した。

作業に並行して要塞、補給処から火砲が現地に搬入された。

砲台構築作業のうち高崎地区は大型重量火砲で、砲床工事、穴掘り作業は困難を極め、関門トンネル工事担当技術者等の支援を得て一〇月末ようやく概成し、その後補備作業に入った。

二〇年一月、重砲兵第十五連隊が編成され、第一、第二大隊および独立野砲中隊を除く連隊長指揮の部隊は、作業隊長の指揮下に入り補修工事を実施した。

同月、独立混成第九十八旅団が臨時動員され、連隊長指揮の部隊は旅団に編合され、作業隊は旅団に任務を委譲した。

一方連隊の第一、第二大隊は西部軍砲兵隊長の指揮下で大崎、串良に二十四榴陣地を構築、独立野砲中隊は第八十六師団長の指揮下に入り陣地構築作業に入った。

二〇年四月、大隅集団（第八十六師団、独立混成第九十六旅団、重砲兵第十五連隊等）を編成。連隊は第一、第二大隊主力を集団砲兵隊（長、野砲兵第八十六連隊長）の指揮下に、十加一個小隊を志布志地区隊、十二速加一個小隊を福島地区隊に配属し、連隊長は残余の部隊と配属歩兵二個大隊等および内之浦要塞をもって有明地区隊長となり、要塞の防御と志布志湾に上陸する敵の破砕準備に入り、四五式十五加弾薬一会戦分の七〇パーセントの集積を完了し、作戦準備中に終戦を迎えた。

■九十九里浜正面の臨時砲台

関東地区の米軍上陸地点としては、鹿島灘、九十九里浜、相模湾三正面を予想したが、この中で九十九里浜正面を最重視した。

一九年当初は、まず拠点陣地（一宮、東金、八日市場、飯岡）を重視して工事に着手、次いでこれらの間隙を築城するに決し、近衛第三師団がこの正面を担当した。

臨時砲台は、これらの拠点内に構築することにした。

当時、朝鮮の羅津要塞重砲兵連隊主力が、本土防衛作戦準備のため一九年九月にこの正面に転用され、臨時砲台の構築と沿岸防備に任ずることになった。

連隊は師団に配属され、計画に基づく砲台の構築に着手することになった。

連隊は、連隊本部、大隊本部および四個中隊編成。これらの諸部隊のうち大隊本部と第三中隊は伊豆大島へ、第二中隊の一個小隊は茨城へ転用され、残余をもって工事を担当した。

築城工事は山橋部隊第六工事隊が協力し、十五加以上の砲台を担当、その他は軍の防衛施設班の協力下に実施し、十五榴砲台は軍砲兵隊の援助を得た。

臨時砲台は、水際付近の火制をめざしたが、十五榴、十五加は、一部泊地と艦船をも火制できるようにした。

大東崎、飯岡、銚子から開始した。

二〇年一月、連隊を基幹に重砲兵第十四連隊を臨時編成、六個中隊に増強され新担当区分で作業を開始した。

二〇年に入り大本営の本土決戦準備は急ピッチで進められた。第一次から第三次兵備で師団、旅団、砲兵部隊等が動員され、九十九里浜正面には第百五十二師団（金沢）、第百四十七師団（旭川）が第一次兵備で動員された。第百五十二師団は四月ごろ現地に移動し、近衛第三師団担当の北部地区を担当した。この間に第十二方面軍が新設され隷下に第五十一軍（鹿島灘正面）、第五十二軍（房総半島）、第五十三軍（相模湾正面）が編成された。

重砲兵第十四連隊は、第四から第六中隊を近衛第三師団、連隊主力は第百五十二師団の指揮下で引き続き作業を継続、拠点内に配置された砲台は三月末ごろに砲座は概ね完成に近づき、付属施設は未完成の状況にあった。各臨時砲台の構築状況は次のとおりであった。

大東崎砲台　十加は自然洞窟を最大限に利用することにした。九十九里浜、一宮陣地に対し側射するとともに対艦船射撃を実施できるよう構築された。

一宮砲台　二十八榴は、海岸と水際を射撃できるよう構築された。この拠点内には当初近衛野砲兵第三連隊主力と軍砲兵隊が自隊陣地を構築した。隣接の大東崎とともに九十九里浜南部の要点であり、敵上陸後の侵攻を阻止するのが目的であった。

東金砲台　三十榴は海岸正面を射撃できるよう構築された。重量火砲は一三トン牽引車で運搬し、三〇トン起重機による据付作業等で作業は困難を極めた。

この拠点内には軍直砲兵の十五榴（三月末未着手）と近衛の十榴陣地もあり、特に対戦車防御を重視した陣地編成である。

八日市場砲台　三十榴三門を有し、海岸線と内陸への侵攻阻止火力として構築された。

また軍直砲兵の十五榴陣地もあった。

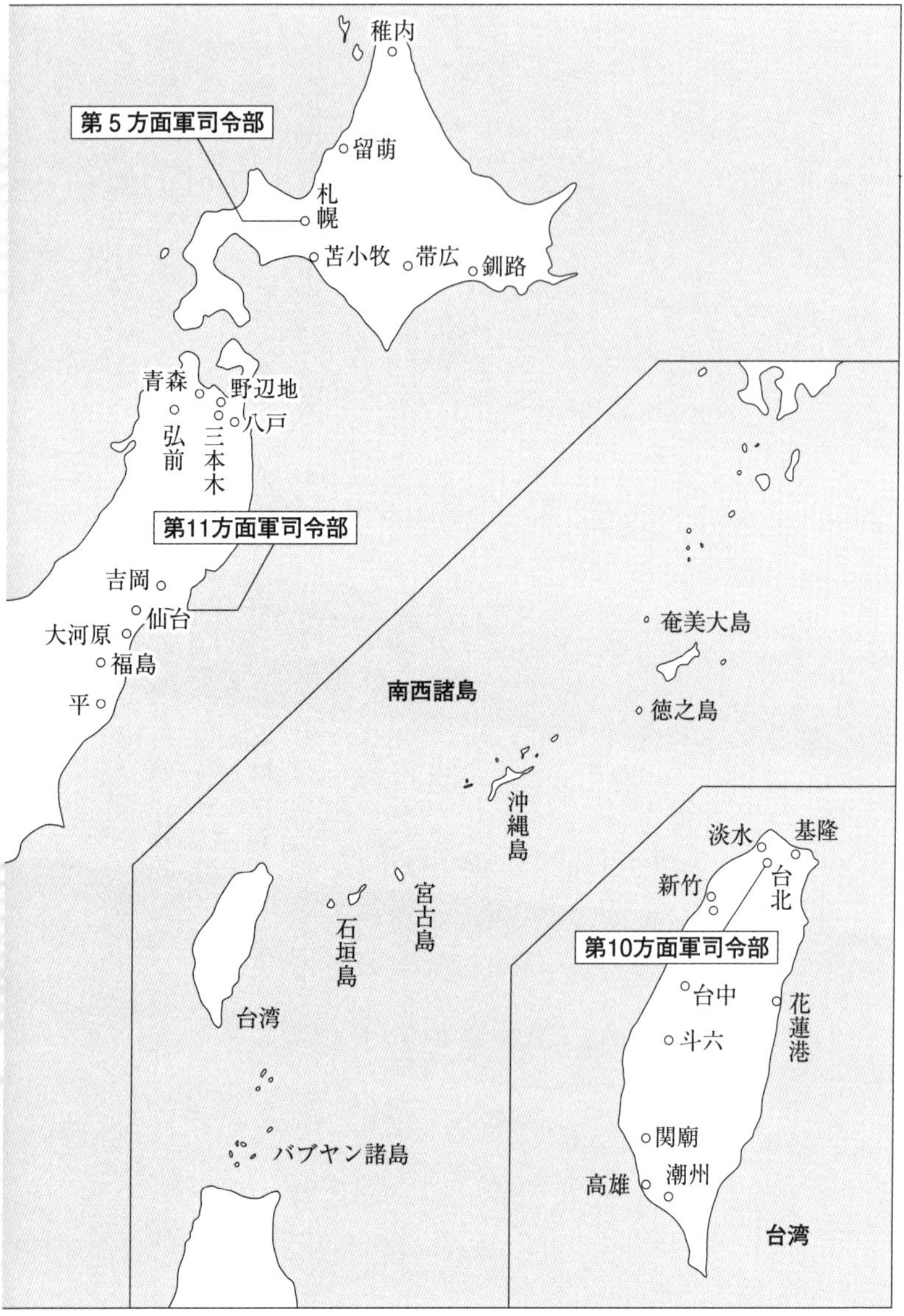
稚内
第５方面軍司令部
留萌
札幌
苫小牧
帯広
釧路
青森
野辺地
八戸
弘前
三本木
第11方面軍司令部
吉岡
仙台
大河原
福島
平
奄美大島
南西諸島
徳之島
沖縄島
宮古島
石垣島
台湾
淡水
基隆
新竹
台北
第10方面軍司令部
台中
花蓮港
斗六
関廟
潮州
高雄
台湾
バブヤン諸島

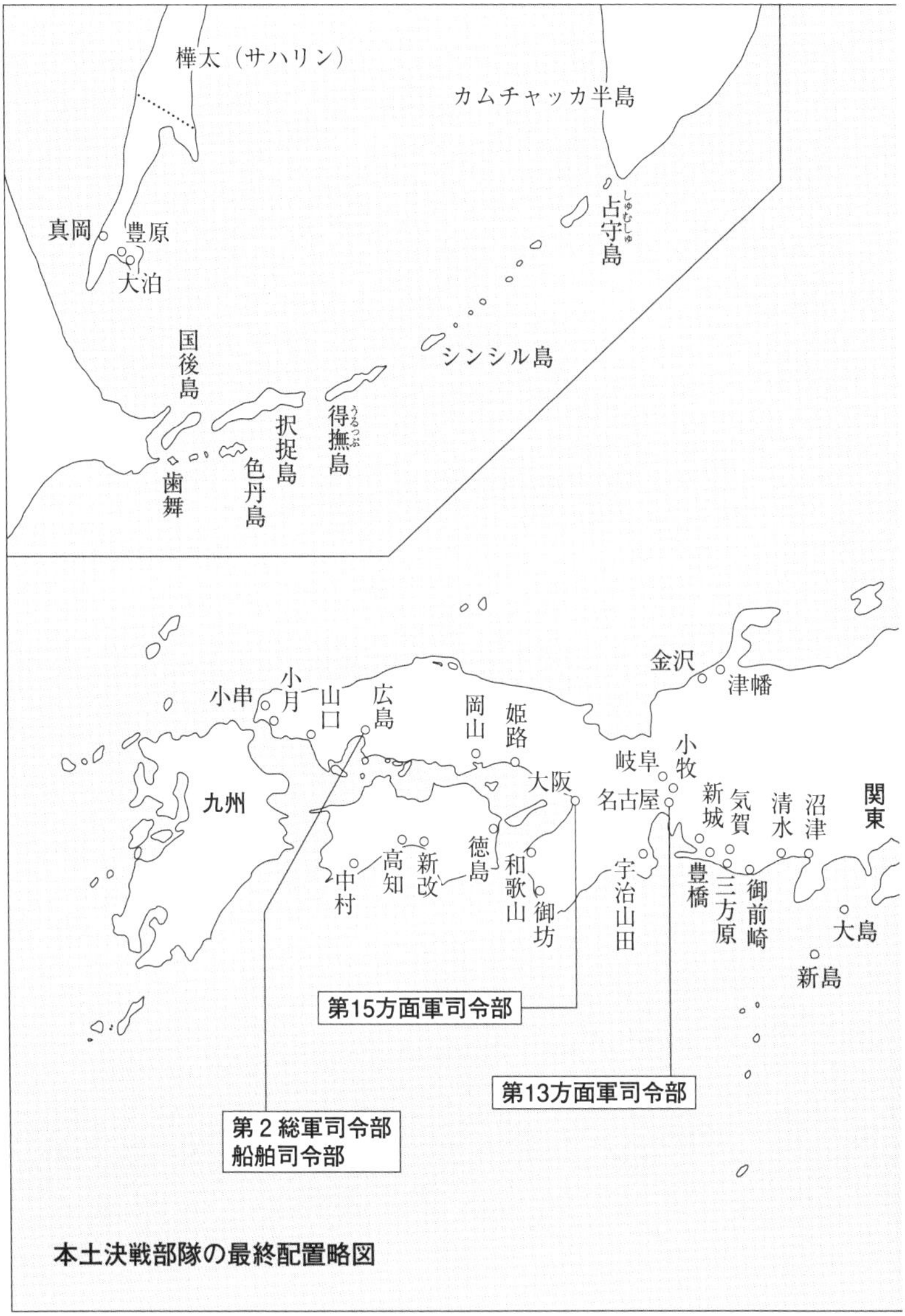

本土決戦部隊の最終配置略図

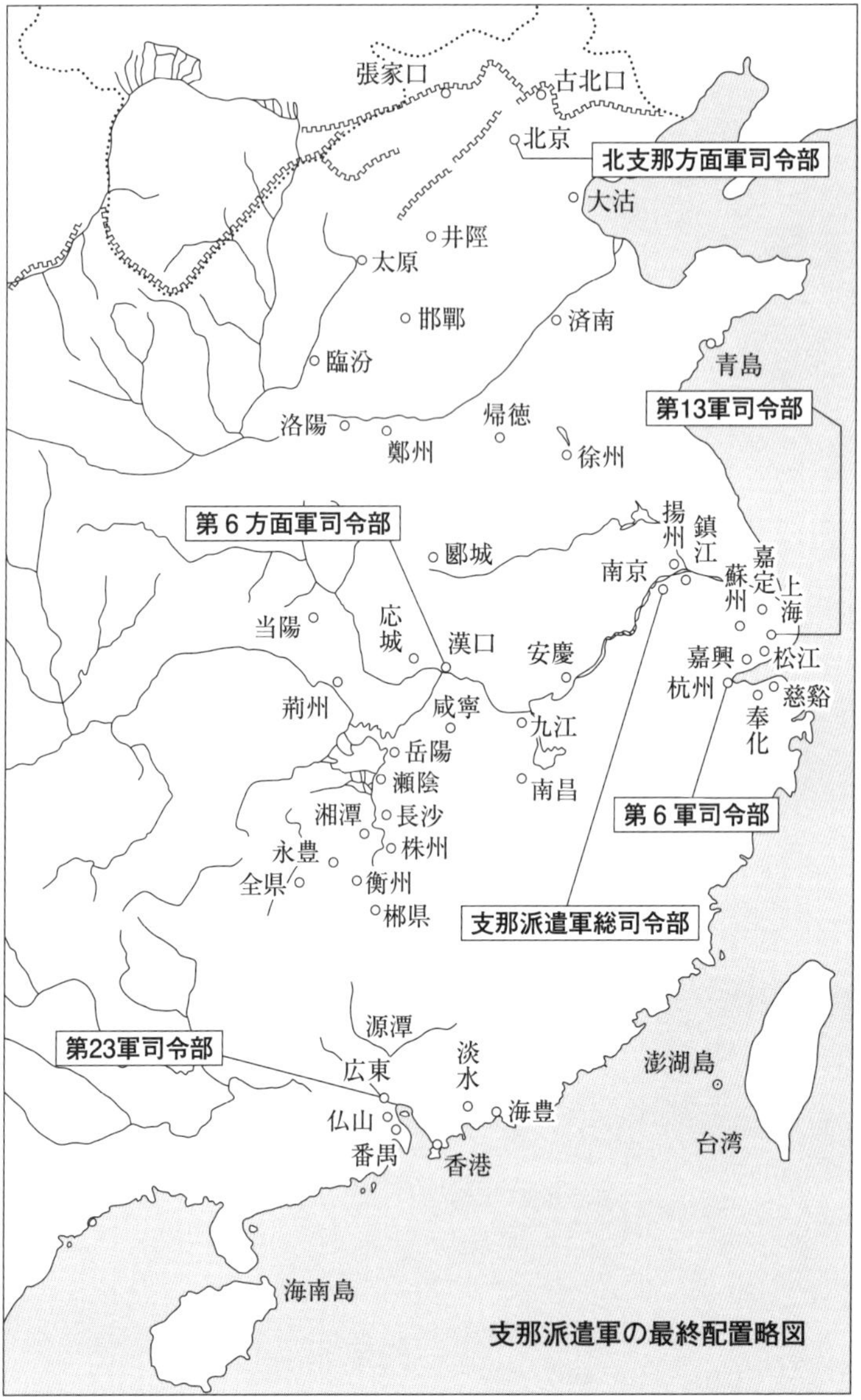

支那派遣軍の最終配置略図

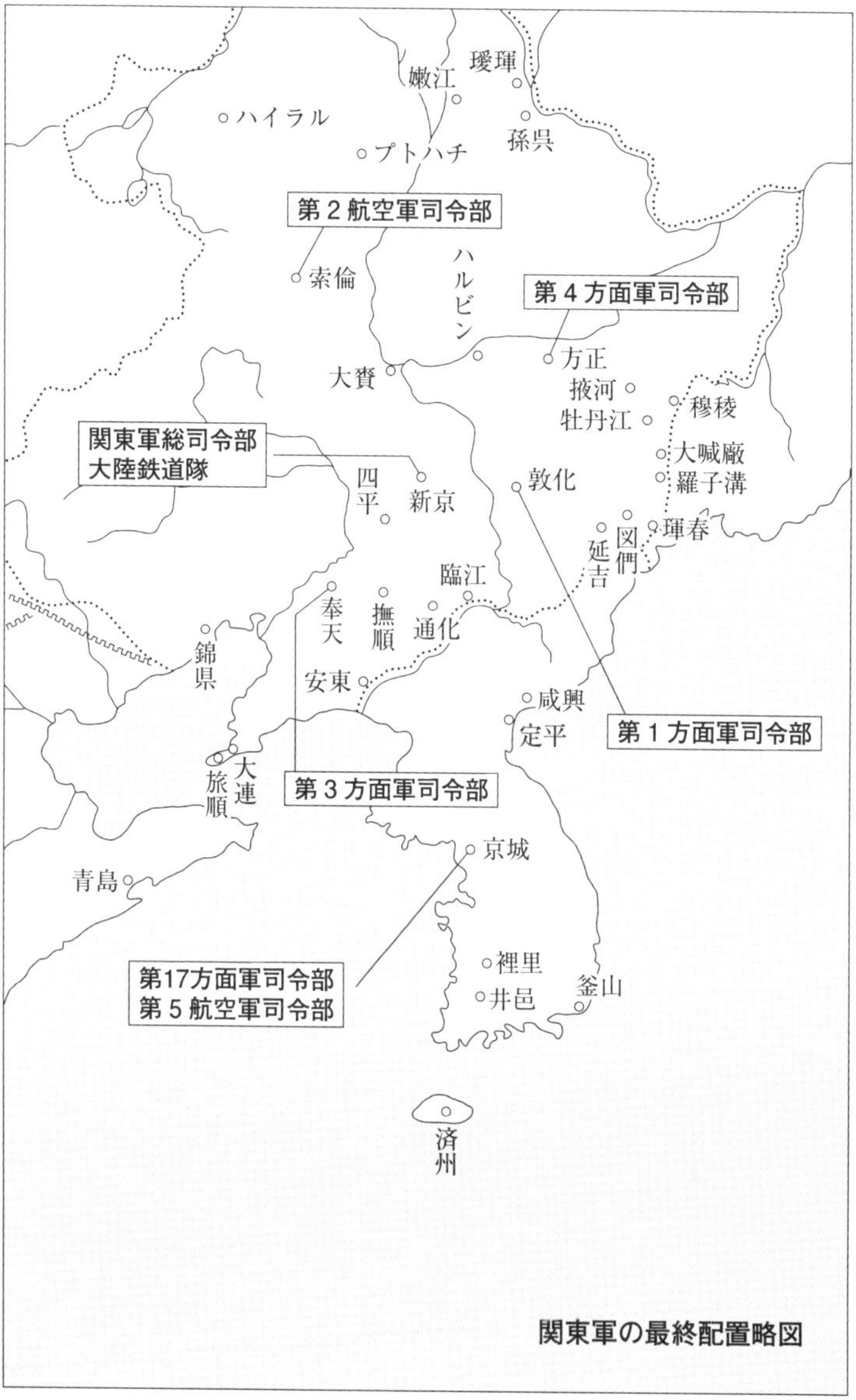
瑷琿
嫩江
ハイラル
孫呉
プトハチ
第２航空軍司令部
索倫
ハルビン
第４方面軍司令部
方正
大賚
掖河
穆稜
牡丹江
関東軍総司令部
大陸鉄道隊
大喊廠
羅子溝
敦化
四平
新京
琿春
図們
延吉
臨江
奉天
撫順
通化
錦県
安東
咸興
定平
第１方面軍司令部
大連
旅順
第３方面軍司令部
京城
青島
裡里
釜山
井邑
第17方面軍司令部
第５航空軍司令部
済州

関東軍の最終配置略図

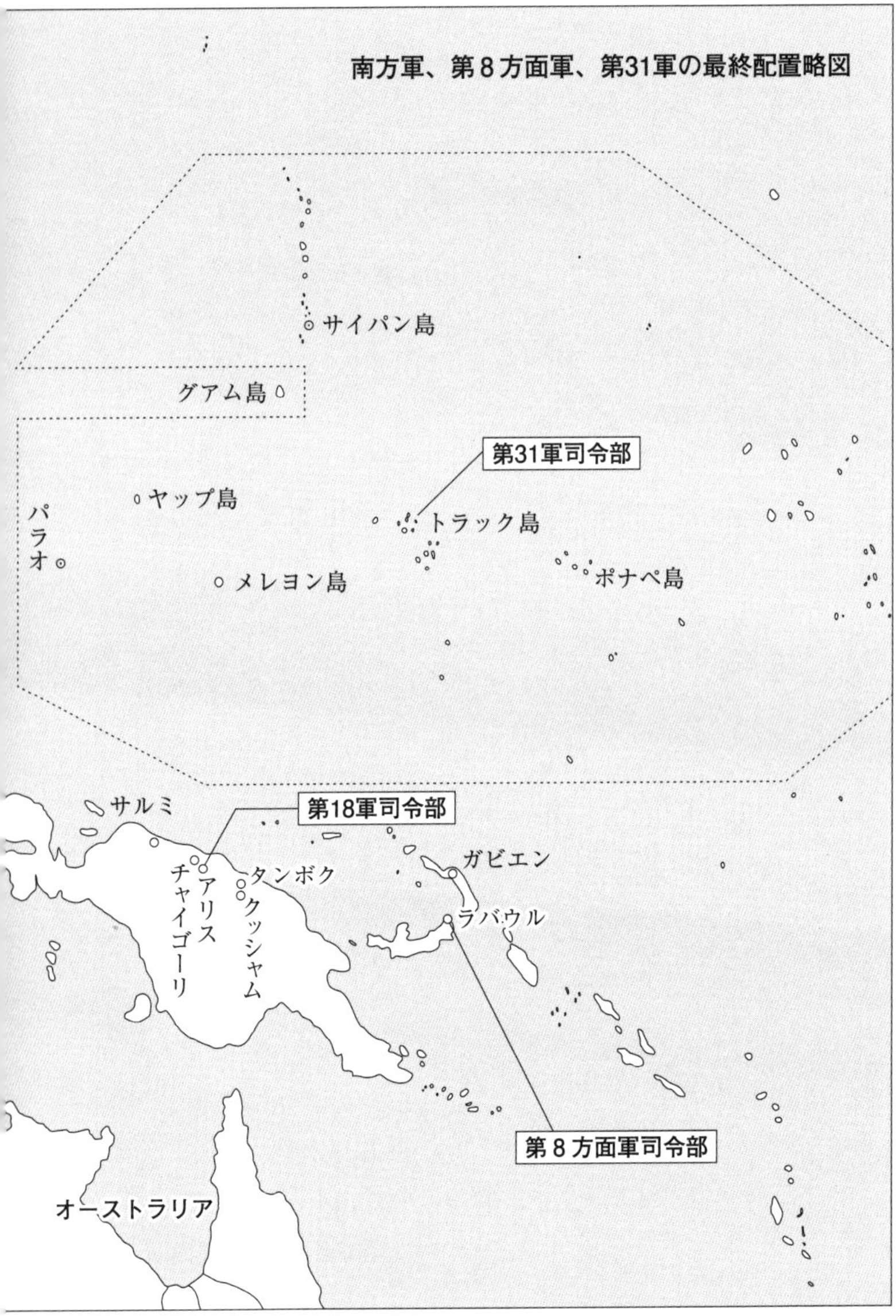
南方軍、第８方面軍、第31軍の最終配置略図
サイパン島
グアム島
第31軍司令部
ヤップ島
パラオ
トラック島
ポナペ島
メレヨン島
サルミ
第18軍司令部
ガビエン
タンボク
アリス
チャイゴーリ
クッシャム
ラバウル
第８方面軍司令部
オーストラリア

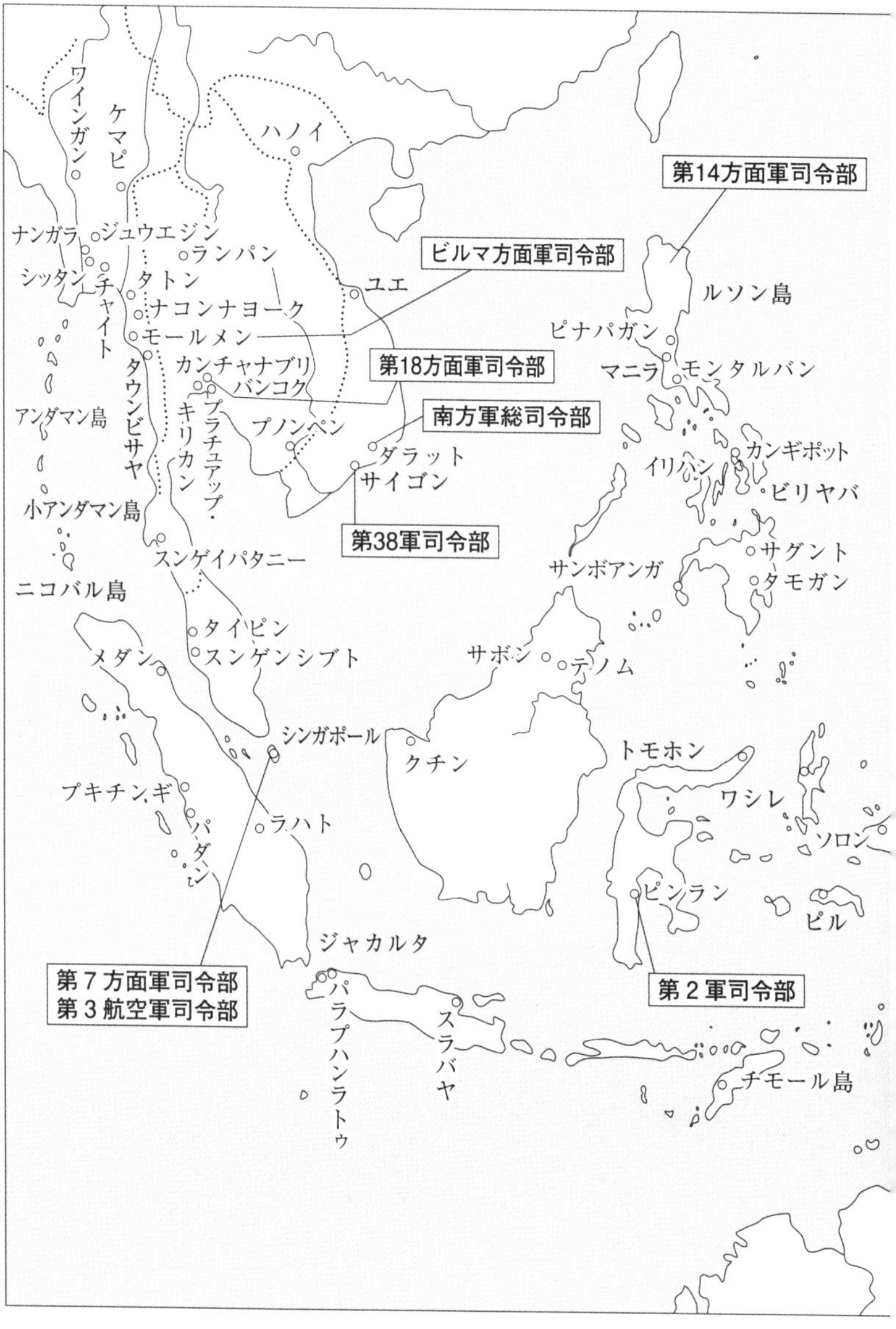
ワインガン
ケマピ
ハノイ
第14方面軍司令部
ナンガラ
ジュウエジン
ランパン
ビルマ方面軍司令部
シッタン
チャイト
タトン
ユエ
ナコンナヨーク
ルソン島
モールメン
ピナパガン
カンチャナブリ
第18方面軍司令部
マニラ
モンタルバン
タウンビサヤ
バンコク
キリカン
プラチュアップ・
南方軍総司令部
アンダマン島
プノンペン
ダラット
カンギポット
イリハシ
サイゴン
ビリヤバ
小アンダマン島
第38軍司令部
サグント
スンゲイパタニー
サンボアンガ
タモガン
ニコバル島
タイピン
メダン
スンゲンシブト
サボシ
テノム
シンガポール
クチン
トモホン
プキチンギ
ワシレ
パダン
ラハト
ソロン
ピンラン
ピル
ジャカルタ
第2軍司令部
第7方面軍司令部
第3航空軍司令部
パラプハンラトゥ
スラバヤ
チモール島

海上護衛総隊司令部
新潟
霞ヶ浦
東京
舞鶴
日吉
鈴鹿
大阪
勝浦
横須賀
呉
大和
大井
鳥羽
佐世保
門司
田辺
大分
大村
鹿児島
海軍総隊司令部
連合艦隊司令部
ニューアイルランド島
ブーゲンビル島

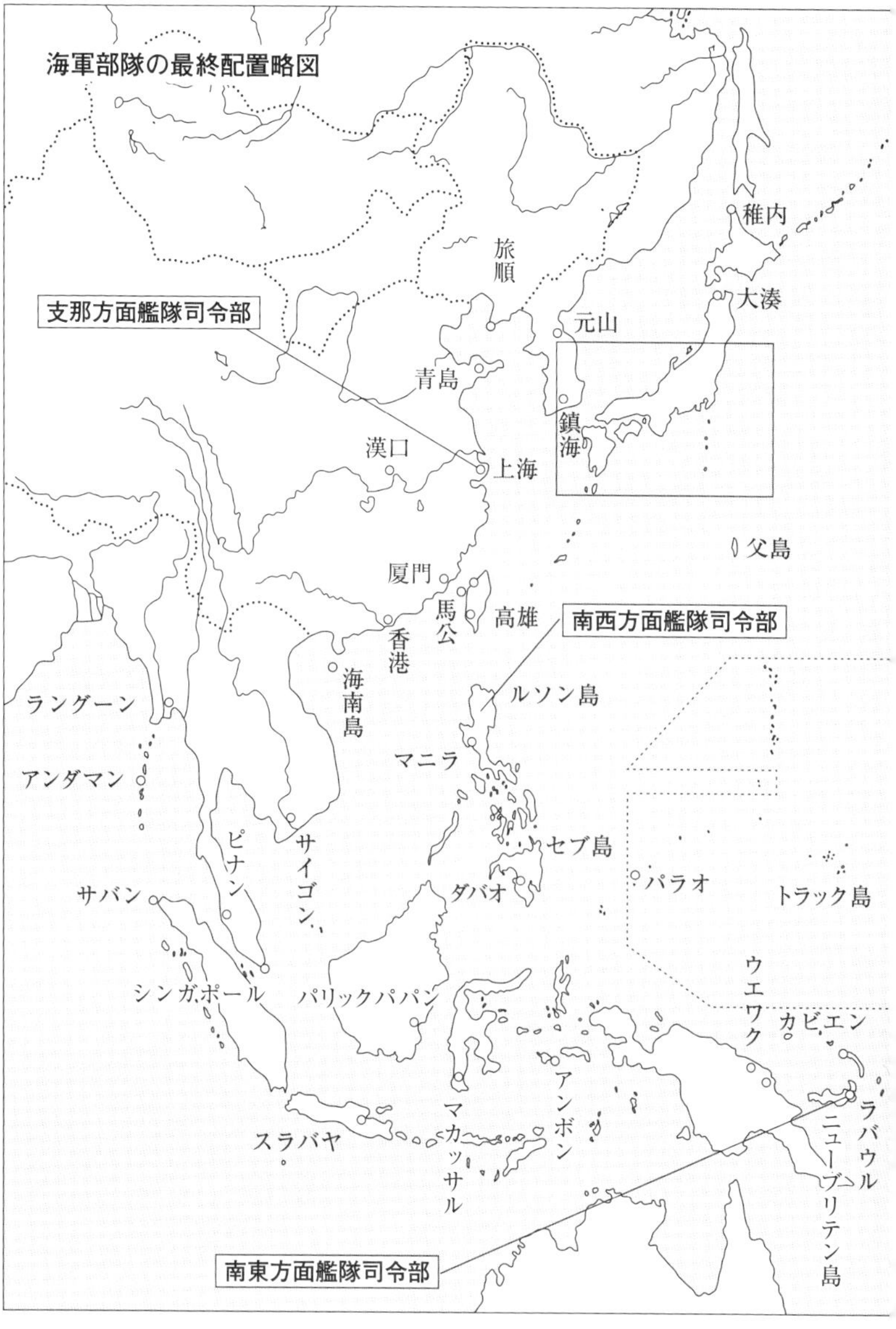
海軍部隊の最終配置略図
支那方面艦隊司令部
南西方面艦隊司令部
南東方面艦隊司令部
稚内
大湊
元山
旅順
青島
鎮海
漢口
上海
父島
厦門
馬公
高雄
香港
海南島
ルソン島
ラングーン
マニラ
アンダマン
セブ島
ピナン
サイゴン
ダバオ
パラオ
トラック島
サバン
シンガポール
パリックパパン
ウエワク
カビエン
ラバウル
アンボン
マカッサル
スラバヤ
ニューブリテン島

第六章

大東亜戦争の日本の戦略的勝利

■米国が手づまりの末に出した『ポツダム宣言』を日本は意外にも受諾

陸軍参謀総長、海軍軍令部総長という戦う陸海軍の責任者は、前述のように本土決戦は勝つ見込みが充分あるから、天皇陛下の御前会議でもポツダム宣言受諾に絶対反対し戦争継続を主張したのであるが、天皇陛下が終戦の御聖断を下されたのである。

この会議室の入口で、特攻の海軍現場責任者の海軍軍令部次長の大西滝治郎中将が「あと特攻機が一〇〇〇機あれば勝てます（実際はすでに三〇〇〇機が用意されていた）」と意見具申したが拒否されたので、大西中将はこれに抗議して終戦時切腹した。切腹の介錯も頼まなかったのは怒りの表現であろう。一方本土決戦の帝都の空の護りとして厚木にある無傷の帝国海軍航空本土防衛隊は、零戦設計者堀越二郎の新設計の四翅プロペラ延長回転軸式迎撃戦闘機「雷電」や川西航空機製「空戦フラップ」付きの新鋭機「紫電改」などの一万機が厚木航空隊に温存され、強くて米軍から恐れられたラバウル海軍航空隊などから集められた歴戦のベテランパイロットが手ぐすねを引いて待っており、厚木海軍航空隊小園司令は終戦命令に絶対反対で最後まで降伏しなかった。

右の如く終戦時には「日本は負けていなかった」のは歴史的事実で「終戦」は、私を含め全日本軍将兵にとって意外なものであった。

そして〝終戦〟の実態は〝負ける〟どころか〝血気にはやり、戦いたい〟陸海軍や士気旺盛の国民に終戦を説得し抑えるのが大変だったというのが歴史的事実である。

しかしポツダム宣言に対して日本政府は「これは敵から申し出た和睦の条約」とまじめに甘く考えていてこれに乗ってしまったのである。米国の新聞は大喜びで「日本は無条件降伏」と事実と違う報道を行った。米国の提示したポツダム宣言自体、八つの条件付きであり、これに加えて日本政府は『国体護持』という条件付きで受諾したので、計九つの条件付き和睦で『無条件降伏』は事実に反するのである。また、ポツダム宣言にも日本の国としての無条件降伏とは一字も書いていない。戦後の日本人が洗脳されて「敗戦」だとか「日本が無条件降伏した」と思っているのはまことに嘆かわしい。

さて日本は歴史上負けたことがなく、前例がないので終戦のやり方が非常にまずかった。通常どんな契約でも必ずネゴをして味方の条件を良くするものだ。現に藤村海軍中佐のスイス交渉では、ルーズベルト大統領が「満州、朝鮮、樺太、千島列島は日本に残す。台湾は蒋介石と交渉してくれ」と言っているのだから、この線に戻すことは可能性大だったのだ。だが今も昔も変わらぬ外国との交渉下手の日本政府はネゴをしなかった。ところが和睦の条件の武装解除をして日本に武力をなくすると、米国は次のステップとして、日本の陸海軍を廃止させた。これはポツダム宣言に入っていない。さらに米国はハーグ国際条約に反して米国原案の憲法を日本政府に呑ませた。あたかも大坂冬の陣で徳川家康が和睦の条件として外堀を埋めると言って内堀まで埋めて、夏の陣で豊臣家を潰したのと同じ手口である。日本の政治家は一人として占領軍の横暴に抵抗する〝男〟がいなかった。これは今日まで続いている。

最近北朝鮮がアメリカに対するＩＣＢＭの実験に成功し、第三の核実験も行い、直接米国への脅威となった。

アメリカが日本を弱体化させるため日本から朝鮮半島を切り離したアメリカの失策とも言えるだろう。米兵が戦死した朝鮮戦争も朝鮮半島を日本の領土にしておけば起こらなかったのだ。

竹島問題も朝鮮半島をアメリカが日本から切り離したから起こったのだし、北方領土問題も日本領土の樺太や千島列島をアメリカが切り離したのが原因だ。

またアメリカが日本から台湾を引き裂かなければ台湾海峡問題も起こらなかった。

進駐の翌朝から進駐軍は軍政を敷き、Ｂ円という占領軍貨幣を使わせ、日本経済をコントロールしようとしたが、重光外務大臣と側近の岡崎氏の命を懸けた交渉でこれだけは阻止した。軍政と通貨は、ポツダム和睦条件に入っていないのだ。

先に述べたように、米国は国際法で禁じられている行為、占領軍による憲法制定を強引に日本政府に呑ませ、占領下で手も足も出ない日本政府は屈服した。

一方、ソ連は日本との不可侵条約が厳として存在しているのに、日本が終戦の仲介を依頼しているのを知りながらノラリクラリとこれを無視し続け、終戦直前に日本に宣戦布告をした。樺太や千島列島の日本軍は上陸するソ連軍を撃退し、また、関東軍と朝鮮軍は旺盛な士気で朝鮮半島北部でソ連軍を待ち構えて撃退できた。しかしソ連軍は、終戦後不法に北方領土を占領したのみならず、シナ（チャイナ）大陸にいた六〇万人もの純心な日本兵を「帰国させる」と偽って貨車に乗せ、シベリアに拉致し、重労働させた上、洗脳されないものは帰国させないと脅して共産主義教育を叩き込み、共産主義に洗脳された兵のみ帰国させ、日本の教育界、マスコミ界、労働組合、演劇界にもぐり込ませた。そしてGHQと共に日本を左傾させ、学生も勉学そっちのけで革マル、中核、赤軍派など学生運動を繰り広げたのである。この学生が今や成人して政治家となり偏向した現政府の幹部となって日本を動かしている。そして産業も沈滞し道徳は乱れ、これらは現在日本が弱体化している基本的要素となった。

この〝終戦〟の実情、つまり「戦意旺盛の陸海軍や頑張っている全国民をいかに説得するか」が終戦にするには大変なことで、〝敗戦〟どころの状態ではないのである。この実態を知らない最近の日本人は〝終戦〟を〝敗戦〟と言い換えているのは史実に反する。右に事実を説明したように実際に負けていない〝終戦〟と、負けたという〝敗戦〟は全く違うのだ。

昭和一桁初期以降に生まれた人は右に述べた本当の歴史を知らない。だから日本政府の正式名称であり理論的に正しい『大東亜戦争』（太平洋だけでなく、ビルマ・インド等も含めた戦争）を米軍の言う『太平洋戦争』に言い換えたり、日本政府の正式名称『支那事変』を『日中戦争』と言い換えたり、国際間の正式国名の『チャイナ』（中華民国初代大総統孫文はＳＩＮＡと言っている）と言わず相手におもねって、またはお世辞で『中国（世界の中心の国）』と言っている。『支那事変』は日本政府が正式に国家間での戦争と認めていないのだから、日本政府は『事変』と言っているのであり、この事実に反しているのを知らないで『戦争』というのは理論的にも誤っている。また、「我が国」と言わず、他人の国のように「この国」と言っている人も洗脳されている人である。

占領軍は日本占領中新聞や手紙の検閲を行って『大東亜戦争』の使用を禁止し『太平洋戦争』を公文書に使うよう強制したが、日本は独立している今もって間違った表現の『太平洋戦争』という名前を使って占領軍のトラウマに囚われているのだ。

さて終戦の詔勅の文章を協議する会議で、詔勅原案の中に『戦勢日に非にして』という文章があり、某大臣から「日本は勝ったのか負けたのか？」と質問が出たのに対し、阿南陸軍大臣は「勝ち負けの定義を『日本が支配している地域の大きさと兵の士気』とすれば、日本が戦争を始めたときの面積と現在（終戦時）の面積を比較すれば、現在（終戦時）の面積のほうが大きい。つまり日本はこの戦争で勝っていることになる。しかも兵の士気は旺盛で日本は最後には必ず勝つと信じている」と答え、詔勅原案『戦局日に非にして』は『戦局必ずしも好転せず』と訂正された。阿南陸軍大臣は「本土決戦をやれば日本は負けないので、本土決戦のあと講和を結ぶ」との陸軍の主張が聞き入れられず、御前会議で終戦が決定されたので、いさぎよく終戦時に切腹した。これは計画されていた大掛かりな陸軍のクーデターも抑える効果もあった。介錯も断った見事な切腹だった。

このような信念と責任感旺盛で主張が通らなければ最後には自分の命を堂々と切腹して絶つという大臣は、現在の日本の大臣に誰一人いないのは、日本人が終戦後いかに堕落してしまったかを示すものである。

終戦の詔勅について、私の小学校も大学も同じ迫水久常書記官長（現在の官房長官）と私は公私ともに非常に親しく、迫水さんから終戦の御前会議の模様など色々重要な話を直接本人から聴いた。

御前会議でおっしゃった天皇陛下のお言葉を、ラジオで全国民に伝える正式な勅語の文章作成を迫水さんが任され、迫水さんが一高で教わった漢文の先生である漢学者・川田瑞穂に文章作成を依頼され原案を作成した。これを大東亜省顧問の陽明学者・安岡正篤が手を加え、特にこの詔勅の原文の中に『義命の存する所』という言葉が重要であった。

全大臣が終戦の詔勅の文章を協議する会議が一一日夜から一三日夜まで続き、訂正箇所が四〇ヶ所もあり、特に重要だった『義命』という言葉が某大臣から「辞書にないから『時運』にしよう」と提案があって書き直されてしまった。そして『義命の存する所』が『時運の趨く所』に変更され正式の終戦の詔勅になった。

私の名前は『義郎』だが、この『義』という意味は『道徳に基づく人として行うべき正しいこと』の意味で『義命』とは『信以て義を行い、義以て命を成す』意味であり『「義命」の存する所』とは普通にいわれる大義名分よりもっと厳粛な意味を持っている。国の命運は義によって作られて行かなければならない。その義は列国との交誼においてもその治政においても信でなければならない。その道義の至上命令に示す所によって終戦を選ぶのであり敗戦ではないという意味である。簡単に言えば『日本はこれからは道徳に基づく正しい方向を行くべきだ』との意味であるが『「時運」の趨く所』は『時の流れのままに』という意味で、全く違う意味になってしまった。

だから今日でも日本は『時運の趨く所』つまり世に流されてリーダーシップがなく国是も定まらない誇りのない国になってしまった」と迫水さんが私に嘆いた。

また、終戦の御前会議で東郷外務大臣は、陸軍が主張したソ連を仲介者にするという案に猛反対し、仲介者を入れるなら「蒋介石を仲介にしたらどうか」と提案があったが、近衛文麿が「蒋介石を相手にせず」という声明を出し「汪兆銘による南京政府」が日本によりつくられているので「蒋介石仲介はまずい」と横槍が入り、それではと不可侵条約を結んでいるソ連を仲介者にした。結果はご存知のとおり最悪で、ソ連は不可侵条約を結んでいる日本に隠れてヤルタで米英支と日本をやっつける会談（ヤルタ会談）にこっそり参加し、日本からの情報はソ連を通じ連合軍に筒抜けになっていた。毛沢東の中共軍と戦っている蔣介石は中共に勝つため日本に助けてもらいたいので、日本に非常に有利な条件で仲介しようと考えていた。戦後蔣介石は「なぜ自分に相談しなかったのか。自分に相談したならもっと良い条件で日本が終戦できたのに」とくやしがったという。

先般あるテレビ番組で「中国戦線で敗走する日本兵」というコメントと映像が出た。私の記憶では支那事変で日本が負けた戦線を知らない。

そこでその担当者を呼び「どこの戦線で日本が負けたのか」と質問したが返事がなくごまかすので再度追及すると、結局「根拠がありませんでした」と白状し「おわび」が回答だった。国の権威に関わる事実無根な〝日本軍の敗走〟を国民に誤報して、これを放送で訂正せず口頭の回答で「おわび」でお終いにしている無責任さ。歴史を知らないのである。元財務大臣の塩じいこと塩川正十郎さんもシナ（チャイナ）大陸に従軍し「支那戦線で武器を持っていなくても日本軍の軍服を着ているだけでシナ（チャイナ）兵は逃げた」と体験談を話している。

ところで私は最後の海軍将校生徒であり、また、最後の東京帝国大学卒業生でもある。

戦時中の東大総長は世界に誇る一万トン重巡の設計者・平賀造船中将だったし、東京都知事は陸軍教育総監の西尾寿造大将（その長男は現在ドクター中松創研の取締役営業部長）だったが、終戦後に日本のエリートは追放され戦後の東大は左翼の南原総長になり、占領軍によって『零戦』を造った東大航空工学科、世界一の戦艦『大和』を造った東大造船学科、戦後の米軍テストで米最新型グラマン戦闘機より命中精度が高かったことが証明された零戦の機関砲を造った西村教授の東大造兵学科など、日本を強く支えた研究の学科が強制的に廃止されただけではなく、東京帝国大学正門にあった『菊の御紋章』がはぎ取られ、名前も『東京大学』となり、『東京帝大』が『東大』になった。名前だけではなくこの新制東京大学の学力レベルは旧制東京帝国大学よりも四年以上、下に学力レベルを下げてカリキュラムが組まれた。麻布時代の成績が下のほうの私の友人でも実際新制東京大学に入っている。東京帝国大学では学生一〇人に対して二〇人の教授陣が取り囲んで最高レベルの教育をし、最高の実験装置を持つ東京帝国大学は世界のトップレベルだったが、新制東京大学の世界ランキングは二〇一〇年二六位、二〇一一年は三〇位までに落ちている惨状だ。

また、戦後学生自治会は完全に左となり、私は中立の丁友会理事として学生の健全化に努めた。

占領軍は日本弱体化政策の一つとして国定教科書を潰させ、文部大臣を弱くするため教育委員会をつくり、日教組をつくり左系教科書を各学校に採用させ今日に続いている。

日本は軍隊の強さも世界一（マッカーサーが議会で証言）だったが、もう一つの日本弱体化政策―財閥解体―にもかかわらず戦後経済でもスイス、英国、ドイツを抜きＧＤＰは米国に次ぐ二位となり、次に米国も抜く勢いで、米国では日本を恐れて『ジャパン・アズ・ナンバーワン』という本も出たくらいだ。そして平成五（一九九三）年には日本人の個人所得は米国人を抜き世界一になった。戦争にもビジネスにも強かったのは当事の日本人が青年時代に兵隊に行き、気力も体力も鍛えられ、また、まじめに高度な勉強をした昭和一桁初期の日本人（これを私は『超経験者』と言っている）による努力の結晶なのだ。筆者も三井物産業務部で三井財閥再結成に尽力した。

占領軍による日本弱体化政策により戦後育ちは勉強も怠り、徴兵にも行かず、体力も気力も鍛錬されていないので、体力的にも気力的にも弱く知識経験も少なく、国際競争に勝てない。最近の日本の男はすぐ泣く。山一證券倒産の時に社長が泣いたのはその象徴だ。最近の若い男は草食系と言われ、やる気がなく泣き虫で、私が教えているハーバード大学やＭＩＴに日本人留学生がいない。最近の日本人は留学するファイトもないのだ。シナや韓国人が多数外国一流大学に留学しているというのに。

そして日本のＧＤＰも二位から三位に後退し、日本人の個人所得もかつての世界一から現在一七位に落ち込んでいる。日本はこの状況から脱却せねばならぬ。それには『超経験者』を指導者にして次世代若者を一五歳から全寮制で肉体と気力を鍛え、道徳修身を勉強させさらに世界より高いレベルの教育をしてゆくことが日本再生の基本なのである。

戦争中、私の家の玄関ドアに鍵をかけなくても泥棒が入らなかった。しかし終戦後、同じ私の家で厳重な鍵をかけても何回も泥棒に入られたことでも判るように、戦時中立派だった道徳心の高い日本人に比べ、修身を廃止した戦後の日本人の道徳の疲弊は驚くべきものがある。

頭脳明晰でギャンブルに強い山本五十六連合艦隊司令長官が練りに練った真珠湾攻撃の二つの狙いのうち、米太平洋艦隊撃滅という〝戦術的効果〟は挙げたが、もう一つの狙い「米国国民の戦意を失墜させる」という〝戦略的効果〟については、前述の如く日本の外務省の失態により、残念ながら達成されず、ルーズベルトに逆利用されて、米国民を対日戦争に一致団結させ、山本五十六の講和への大戦略を完成できなかったが、長い目で見れば、大東亜戦争により、戦後アジア諸国が欧米から独立した確かな〝戦略的効果〟と、一二月七日が米国の日本との大きな敗戦であることが歴史に刻み込まれたことである。また、戦争をしてお互いをよく知ることができ、日米が友人になった大きな〝戦略的効果〟を得た。

これまでの記述から明らかなように米国は、真珠湾で日本に負けたことを現在でも引きずっており、日本との終戦後も朝鮮戦争、ベトナム戦争、九・一一、アフガン戦争と米国はずっと負け続けだ。

　だから日本は終戦以後の米国の連続した敗戦の実績を見ても、もし日本が本土決戦したならばベトナム軍より強かった日本軍は必ず勝利しただろう。


　終戦当時、米国軍による占領は太平洋の飛び飛びの島だけで、広い太平洋の中のわずかな点々に過ぎなかった。その上、例えばニューブリテン島ラバウルの海軍の要塞は草鹿任一司令官が終戦まで護っていたし、陥落したと米軍が発表したサイパン島では恐れられていた大場大尉指揮のフォックス部隊が健在だったし、フィリピンでは山下大将が頑張っていたし、ルバング島の小野田少尉やグアムの横井軍曹などの例でも判るように、米軍が占領した島々でも日本兵は頑張っており、その上、太平洋やアジアの大部分は日本の統治下にあった。インドネシアでは終戦後上陸して来たオランダ軍を日本兵が撃退し、北方領土も日本軍がロシア軍の上陸を撃退している。

　このように終戦時も各地で日本は負けていなかった。そしてマレー半島、シンガポール、台湾、香港、シナ大陸の主要部分は日本の占領下にあり、日本軍は負けていない。もちろん日本本土は士気旺盛で武器弾薬があり必勝を確信し負けていなかったのである。

　米国にとってドイツより日本がはるかに強かったのである。ドイツは降伏して敗戦したが、日本は最後まで降伏せず終戦した。南米に移民していた日本人も「日本が勝って終戦した」と信ずる〝勝ち組〟のほうが〝負け組〟より多かった。

マッカーサーは「日本兵は世界一強かった」と証言している。だから日本がポツダム宣言に応じ終戦を決定したことをマッカーサーは「ウソだろう」と信じなくて「日本が降伏するはずがない。これは日本のワナだろう」と疑い、自身が日本に飛ぶ前に先遣隊を厚木に着陸させ、その副官の若い米軍中尉が飛行機から降りた時、おどおどとおっかなビックリで、いつ日本軍に襲われるかとキョトキョト周りを見廻して警戒した態度をとったことを私は本人から直接聞いた。このことでも、日本の終戦決定が米側で信じられなかったことが判る。そして予想に反し、日本軍の整然とした礼儀正しい終戦の規律にまた二重にビックリしたのだ。

終戦後、日本に進駐して来た米司令官は日本人と戦い、日本人の強さと優秀性が初めて判り、「Japan is the great country」と私に尊敬の念を込めて敬礼した。大東亜戦争で日本の価値が判ったのである。

『雨降って地固まる』のたとえどおり、日本が米国と必死で戦った結果、戦前の日本へのみくびりは一八〇度転換し、米国は日本の強さと偉大さが判り、尊敬の念を強くし友人になった。そして平成五年には日本個人の所得が米国人の所得を抜いて、遂に日本人が世界一の金持ちになり、頂点を極めたのも大東亜戦争で培った工業力と戦時中苦労した人々の頑張り力の成果だ。

そして今や米国国民は、日本びいきである。米国科学学会会長は「アイ・ライク・ジャパニーズ」と言って、米国科学学会はアルキメデス、キュリー夫人、ファラデー、テスラに日本人である私の名を加え、〝歴史上の五人の偉大な科学者〟を選定した。また、彼は最近は福島第一原発事故の義援金を米国で集め、これを私に託したいと言っている。

私が教えているコロンビア大学で日本語を勉強したドナルド・キーン氏は、戦時中米海軍の通訳として日本兵捕虜の尋問も担当したが、日本兵の書いた日記や手紙を読み、その精神に感心し、彼らに少しも敵意を感じず、親しみがあったという。米国では戦前「日本はシナをまねた国で、ペリーが開けた敵国」と学校で教えられてきたが、キーン氏が占領軍として日本に進駐し、床屋に行った時、日本人の床屋はカミソリをキーン氏の喉に当てているので、いつでも喉をかき切れる状態なのにそれをしなかったのに驚いた。そしてキーン氏は東日本大震災後に帰化し、日本人になった。

私の四〇年来の弟子である米国人社長は、「米国はハリウッド映画で有名だが、歴史の浅い米国政治もハリウッド舞台セットのようだ。

つまり表は華やかに飾り立てるが、裏から見るとベニヤ板なのだ。何千年も一系の天皇が続く日本の歴史には到底かなわない」と肩をすぼめて言った。

あとがきに代えて

～これから我々がやるべきこと～

先般、石原都知事（原稿執筆時）と一対一でお会いしたが、その時「これは僕の遺言です」と目の前でご自分でサインされて『新・堕落論』という著書を戴いた。その中に『毛沢東はその簡潔で優れた方法論「矛盾論」の中で、目の前の矛盾、厄介事を解決しようとしたら、それそのものよりもその後ろに在るもっと大きな原因に気づいて手をつけなければ本当の解決には至らない。目の前の矛盾はただの従属矛盾であり、その背景に在る主要矛盾を解決しなくてはならない』とある。

山で迷った時は、まず出発点に戻ることが原則だ。日本の憐れな現状を解決するには原点に戻ることが必要だ。それには、大東亜戦争の開戦と終戦の時に戻って考え直すことが解決策だ。当時の日本と日本人は強い愛国心を持ち『絶対負けない』という強い信念の立派な日本と日本人であったことを思い出し、この精神に戻り、もう一度立派な日本を立て直そう。

そして戦後に作られた敵国に都合のよい歴史の歪曲から日本を脱却させることである。日本人は終戦時アメリカと負けていなかったが、イギリス、ソ連、オランダ、シナにももちろん負けていなかった。

現在日本は、ロシアと北方領土問題、韓国と竹島問題、慰安婦問題、北朝鮮とミサイル、核、チャイナと台湾と尖閣問題が解決していない。北朝鮮も韓国も日本の領土として日本は鴨緑江など莫大の投資や京城帝国大学をつくって高等教育を施した。北朝鮮、韓国は日本と独立戦争を行って独立したなど虚構の歴史を組み立てている。

北朝鮮も韓国も台湾も日本軍として共にソ連やアメリカ軍と戦った仲間である。アメリカが押し付けた初代韓国大統領の次々代の朴大統領は、今の朴大統領の父であり自ら志願して日本の陸軍士官学校に入校し、日本陸軍として戦ったのである。これら仲間が終戦と共に拉致、竹島、慰安婦、尖閣諸島など日本を裏切ったのである。

これらの問題は終戦時の日本人は負けていなかった歴史的事実を知らない戦後の弱虫政治家により戦後六〇年たっても解決していない。

ソ連と張学良がやったのに関東軍がやったとされている『張作霖爆殺事件』の捏造、溥儀が日本大使館に逃げ込み、日本に依頼して満州国ができたのに日本が『傀儡政権』を造ったという捏造、満鉄は植民地支配の手先という捏造（満鉄社員秋原勝二の自伝）、中共軍が先に日本に射掛けたのに応戦し、日本政府は正式な戦争と認めていない支那事変を『日本が侵略した中日戦争』と捏造。昭和三九（一九六四）年にチャイナを訪問した社会党佐々木更三委員長が日本進攻について謝罪すると、毛沢東は「日本が申し訳なく思うことはない。皇軍のおかげで国民党が負けて中国共産党が権力を奪取できたのです」と日本軍に感謝していると答えた。つまり日本は今日のチャイナ、つまり日本で言う中国の建国の父ということになる。その日本の恩を忘れ、尖閣を横取りしようとするのはもってのほかである。古くは中華民国の初代大総統になった孫文をかくまい援助した日本である。その孫文の後継者蒋介石の国民党が日本の恩を忘れ、軍律厳しい日本軍がやるはずもない『南京大虐殺事件』を捏造、歴史学者、上海大学朱学勤教授は「ただの一人分の被害者リストもない」と言っている。日本全国を無差別爆撃し、非戦闘員の大量焼殺をしたり、オランダハーグの国際司法裁判所（ＩＣＪ）が平成八（一九九六）年『国際法違反』とした原子爆弾投下を不問にする東京裁判、従軍慰安婦という名前さえ存在していないのに戦後、戦争を知らない記者などにより捏造されたのに調査も十分せずに軽率で不勉強で外国に臆病な日本の政治家の国賊的談話を外国に利用されている。「従軍慰安婦」は韓国の金完燮氏も捏造されたと著述している。

「多くの日本兵の犠牲によるインパール作戦がインド独立に大きな影響を与えた。勇敢な日本人を我々は決して忘れない」とマニプール大学シン教授が言っているように、西欧の植民地にされていたマレーシア、インドネシアなど東南アジア諸国から西欧を追い出した『聖戦・大東亜戦争』なのに『日本が侵略した太平洋戦争』と捏造し、負けていないのに天皇陛下の大命令に従い戦闘を中止した『国体護持の条件付き終戦』であるのに『無条件降伏』と捏造した。

その極めつけが、現在の諸悪の根源である憲法の占領軍による捏造だ。

憲法の改憲論と護憲論があるが、護憲論は問題外であるが、改憲論にも問題がある。なぜなら改正すると現在の非合法な駐留軍による憲法を合法化してしまうからである。

私は東大法学部で学び、法学博士でもあるが「現憲法は法規範上無効である」と二〇年前から東大法学部学生等を対象として東大キャンパスに於ける『創造学講義』を行い、著書にもなっている。憲法無効の法的根拠は、国体護持を条件とした終戦、ハーグ条約の違反、明治憲法第七五条違反による非連続性などの制定に瑕疵があること、サンフランシスコ平和条約が法的に無効になる、などの理由による。

前述の石原東京都知事とお会いした時、『憲法無効』に知事と私は完全に意見の一致を見た。後日私は東京都議会講堂で主賓として『憲法無効』のキーノートスピーチを行った。石原都知事は「憲法は無効である」と都議会で答えられ、さらに記者会見で『尖閣買取』と共に『憲法無効』を発表された。

先般、国会の福島原発事故調査会は「事故が予想をされたのに防止をしなかった不作為の人災」と発表し、「国家の危機管理がなされていなかった」のが原因だとした。

国家の危機管理の最たるものは国と国民を護る国防であるのに、不法に占領軍が捏造した憲法で日本は丸裸にされたが、日本の政治家が怠慢、弱腰、民衆迎合によりそれをそのままにして是正をして来なかったため、今や近隣諸国から侮りを受け、拉致、北方領土、尖閣列島、竹島の問題が発生している。

特に竹島については、日本が昭和二六（一九五一）年にサンフランシスコ平和条約に署名する過程で、韓国が日本が放棄すべき領土に竹島を含めるように訴えたが、米国は「我々の情報では（竹島が）朝鮮の一部として扱われたことはなく、日本の管轄下にある」として認めなかった。つまり米国が「竹島」の日本の領有権を認めているのに、日本の政治家はさぼって何もせず、韓国がヘリポートを造り、警備隊を配置して実効支配しているのを知りながら放置している。つまり国会事故調査会の言う〝不作為の人災〟で、この原因は占領軍の憲法と日本の政治家にあり、この憲法を放置して来たことは日本の政治家の〝不作為の人災〟の最たるものだ。

この無効であるべき憲法で国体は破壊され、日本精神を打ち砕かれ、大家族制度など古き良き日本の制度も壊された。

経済学の元祖アダム・スミスが自由市場の政府介入の例外として「国防」を挙げた。経済とは「国防」が不可欠なのである。つまり経済学の元祖アダム・スミス論の大原則を否定する日本国憲法は異常なものである。

だから日本経済は低迷している。この「国防なきは日本経済衰退論」は、私がはじめて言い出した新説だ。現にアルジェリアで一〇人の日本人が殺されたことが私の論を立証している。総理が相手首相に「人命第一」と電話で頼んだがそんな遠吠えでは全く効果なく殺された後、官房長官が「テロ行為を断固、非難」と言っても人命は戻って来ない。戦前の日本なら陸軍がしっかり邦人を護り、死者を出さず経済にも影響を出さなかったであろう。

日本国憲法には徴兵制もなくなった。最近のオリンピックの日韓サッカー戦でも徴兵制で若い時から鍛えられた韓国の若者より日本の若者は精神的にも肉体的にも弱く、頑張りがきかず、負けるし、しかもすぐ泣く。弱々しい男が捏造の憲法の下に育った。

そして捏造の歴史にどっぷり浸かって外国におもねる総理や閣僚は、国のために尊い命を捧げた人々がまつられた靖国神社に参拝せず、一方かつての敵国のアーリントン墓地に参拝し花束を捧げるという、あきれた状態だ。日本の政治家が敵国に都合よく作りかえられた歴史にどっぷり漬かっていることを如実に示している。

もう一度言う。「日本は負けていなかった」

終戦の詔勅のラジオ放送を聴くまでは、日本全国民は戦うつもりでいて負けていなかった。再度言おう。

本土決戦が日本が勝利する事は米軍司令官も認めていた。

終戦時「朝鮮軍」は「関東軍」と共に北朝鮮国境でソ連軍を打破する体制を整えており士気が非常に高く、ソ連軍に負けていなかった。

北方領土では上陸するソ連軍を撃退し、ソ連軍に負けていなかった。

シナ大陸では勿論皇軍は終戦まで負けていなかった。

南方では海軍の重要拠点ラバウルは終戦まで死守し負けていなかった。

また、マレー半島、シンガポール、ジャワ（インドネシア）は終戦まで日本軍が駐留し、負けていなかった。

そして終戦後、インドやミャンマーと共にマレーシア、シンガポール、インドネシアとして独立したのは日本軍が負けていなかったからである。

特にインドネシアは終戦後も日本兵が二〇〇〇人残り、上陸して来たオランダ軍を破って多くの日本兵の血によりインドネシアが独立した。

つまり具体的にも日本軍は負けていなかったのである。

『放浪記』で有名な作家林芙美子が戦中に「満洲日日新聞」に書いた「決戦議会の感想」は、

『大東亜戦争の目的貫徹を決議した国会を傍聴し涙が鼻頭につき上げてくるほど心を動かされた。

全将兵は必勝の信念の中にと謂う言葉の中に、もう一つ全日本女性の名も加えていただくのはもとより、私達はこれからも益々陰になり陽になって最大の女の力を出していかなければならない』と書いて日本国民も負けていなかったことを証明している。

日本が負けていなかったことを裏付けるリベラルの賀川豊彦のマッカーサーへの終戦直後の手紙の一部を添付する。

マッカーサー総司令官閣下
陛下の詔書の一分前まで全国民の戦意は燃えに燃え陸海空三軍の銃口が一様に貴官各位の胸に向けられていたことも事実なのです。
総司令官閣下
貴官は去る二八日の厚木進駐の指揮者から進駐が平和的に日本側の満足すべき心づかいの中に先遣部隊の進駐を終了した報告を受けられたでしょう。
そして閣下は多数の日本人を眼前にされたでありましょう。そしてまたその日本人が口をキッと結んでいる表情に気がつかれたことと思います。
日本人は最後まで戦うつもりでいました。おそるべき原子爆弾がやがてわが身に落下するということを予想し覚悟しなかった者は只一人もありますまい。またたとえ身は焼かれても粉砕されても戦争は陛下の指揮のあるまで続けてゆかなければならぬことを毛程も疑った日本人は一人もなかったことも事実ですが、それが、陛下の詔書によって戦争から平和へ完全に変向しました。その決意の固さと新しい理想へ出発への努力が閣下の見られる日本人のキッと結ばれた口もとの表情なのです。この様な民族が、国家が他に例を見ることができたでしょうか。

海軍兵学校七十三から七十七期まで教官をして終戦を迎えた九二歳（二〇一三年現在）の市来俊男氏と面談したが、同氏も「日本は負けていなかった」と確認され、私と同意見であり、さらにまた米軍からの見方として同氏が終戦後、海上自衛隊海将補として米国海軍幹部と意見交換した際に、米海軍幹部いわく「日米海軍の力はほぼ互角であり日本海軍は米海軍の良きライバルであった」つまり日本海軍は負けていなかったという証言を得た。

今後日本全国民が、もう一度『終戦の詔勅』を読むことを提案する。そして負けていないのに終戦した無念さを思い起こし、そこに書かれている陛下が示されたこれからの日本の指針『総力を将来の建設に傾けること』『正しい道を進みその心を堅持』『国体の真髄を発揚』『世界の流れに後れを取らぬよう』を全国民が実行することが、我が国を立派だった古き良き日本に甦らせることなのである。

繰り返すが今まで『敗戦した』とほとんどの人が思っていることは間違いであり、史実は『日本は負けていなかったのだ』ということを再認識し、これからの各人の行動を一八〇度転換することが日本再生の第一歩であることを確信し、日本人が自信を持って立ち直る起爆剤にしようと本書を著したのであり、これから日本を背負う若い人たちに特に読んでいただきたい。

先日、東大、韓国ソウル大、インド工科大の学生が同一の質問に対しそれぞれ答えているテレビ番組を観た。

「なぜ大学に入ったか？」の質問に対し、韓国大生は即座に「国と親に恩を返すため」、インド大生は「自分で新しい企業を興したいため」と的確だったが、東大生は全員「何となく入った。将来の目的はない。個人の自由で嫌いなものはやらない。勉強はほとんどせずアルバイトとサークル活動をしている」という愕然とする答えを平然と答えていた。これを聞いた韓国大生は「韓国は日本を必ず追い抜けることを確認した」と発言。いやすでにサムソンやLGなど韓国勢はソニー、シャープ、パナソニックなど日本勢を抜いている。造船もしかりだ。国を思い、勤勉なかつての日本人はどこに行ったのか。

この東大生の言葉を聞いて、終戦後の占領軍による教育が日本を根本から腐らせてきている恐ろしさを再認識した。今の官僚も政治家も戦後の教育を受けた人々だ。日本を立ち直らせる基本は戦前の正しい教育であり、しかも小さい時からの教育が重要である。
私はこの本を日本を立ち上がらせる起爆剤として書いたが、戦後教育で洗脳された日本人にはこの本の価値さえ判らないだろうし、理解もできないだろう。だから今の日本はダメなのである。早く、小学生からの教育を終戦前の日本の素晴らしい教育に戻し、日本を元気にしよう。この本を教科書として使って頂ければ幸甚である。

平成二五年五月二七日
大日本帝国海軍がロシア・バルチック艦隊を全滅させた海軍記念日に著す。

著者

巻末資料

大日本帝国海軍軍人が日本絶対不敗の信念のもと毎晩就寝前に斉唱した「五省」。

五省

一、至誠に悖るなかりしか

一、言行に恥ずるなかりしか

一、気力に缺くるなかりしか

一、努力に憾みなかりしか

一、不精に亘るなかりしか

帝国海軍軍人はどんな困難があっても負けないという信念を持って軍歌「如何に狂風」や「艦船勤務」を終戦まで全軍が唄い続けた。

如何に狂風（軍歌）

一、如何に狂風吹きまくも
如何に怒濤は逆まくも
たとえ敵艦多くとも
何恐れんや義勇の士
大和魂充ち満つる
我等の眼中難事なし

二、維新以降《このかた》訓練の
技倆試さん時ぞ来ぬ
我が帝国の艦隊は
栄辱生死の波分けて

渤海湾内乗り入れて
撃ち滅ぼさん敵の艦《ふね》

三、空飛び翔ける砲丸に
水より躍る水雷に
敵の艦隊見る中《うち》に
皆々砕かれ粉微塵
艫より舳より沈みつつ
広き海原影もなし

四、早くも空は雲晴れて
四方《よも》の眺望《ながめ》も浪ばかり
余りに脆き敵の艦
此の戦いはものの足らず
大和魂充ち満つる
我等の眼中難事なし

艦船勤務（軍歌）

四面海なる帝国を
守る海軍軍人は
戦時平時の別ちなく
勇み励みて勉むべし

如何なる堅艦快艇も
人の力に依りてこそ
その精鋭を保ちつつ
強敵風波に当たり得れ

風吹き荒び波怒る
海を家なる兵の
職務《つとめ》は種々にかわれども
つくす誠は唯一つ

水漬く屍と潔く
生命を君に捧げんの
心誰かは劣るべき
つとめは重し身は軽し

熱鉄身を灼く夏の日も
風刃身を切る冬の夜も
忠と勇との二文字を
肝に銘じて勉むべし

軍艦行進曲（軍歌）

一、守るも攻めるも黒鉄《くろがね》の
浮かべる城ぞ頼みなる
浮かべるその城日の本の
皇国《みくに》の四方《よも》を守るべし
真鉄《まがね》のその艦《ふね》日の本に
仇なす国を攻めよかし

二、石炭《いわき》の煙は大洋《わだつみ》の
竜《たつ》かとばかり靡《なび》くなり
弾撃つ響きは雷《いかづち》の
声かとばかりどよむなり
万里の波濤《はとう》を乗り越えて
皇国《みくに》の光輝かせ

海行かば（軍歌）

海ゆかば水漬《みづ》く屍《かばね》
山ゆかば草むす屍
大君の邊《へ》にこそ死なめ
かえりみはせじ

日本全国民は「最後には必ず日本が勝つとの信念で、「勝利の日まで」を全国で終戦まで唄い続けました。

勝利の日まで（国民歌謡）

一、丘にはためく　あの日の丸を
仰ぎ眺める　我等の瞳
何時かあふるる　感謝の涙
燃えて来る来る　心の炎
我等はみんな　力の限り
勝利の日まで　勝利の日まで

二、山で斧ふる　おきなの腕も
海の若者　櫓を漕ぐ腕も
町の工場の　乙女の指も
今日も来る来る　お国のために

我等はみんな　力の限り
勝利の日まで　勝利の日まで

三、雨の朝も　吹雪の夜半《よわ》も
思うは一つ　ただただ一つ
遠い戦地と　雄々しき姿
浮かび来る来る　ほほえむ顔が
我等はみんな　力の限り
勝利の日まで　勝利の日まで

四、空に飛び行く　翼に祈り
沖をすぎ行く　煙に誓う
国を挙げての　この戦いに
湧いて来る来る　撃ちてし止まん
我等はみんな　力の限り
勝利の日まで　勝利の日まで

終戦の詔勅（玉音放送）

朕深ク世界ノ大勢ト帝國ノ現狀トニ鑑ミ非常ノ措置ヲ以テ時局ヲ収拾セムト欲シ茲ニ忠良ナル爾臣民ニ告ク

朕ハ帝國政府ヲシテ米英支蘇四國ニ對シ其ノ共同宣言ヲ受諾スル旨通告セシメタリ

抑々帝國臣民ノ康寧ヲ圖リ萬邦共榮ノ樂ヲ偕ニスルハ皇祖皇宗ノ遺範ニシテ朕ノ拳々措カサル所曩ニ米英二國ニ宣戰セル所以モ亦實ニ帝國ノ自存ト東亞ノ安定トヲ庶幾スルニ出テ他國ノ主權ヲ排シ領土ヲ侵カス如キハ固ヨリ朕カ志ニアラス

然ルニ交戰已ニ四歳ヲ閲シ朕カ陸海將兵ノ勇戰朕カ百僚有司ノ勵精朕カ一億衆庶ノ奉公各々最善ヲ盡セルニ拘ラス戰局必スシモ好轉セス世界ノ大勢亦我ニ利アラス

加之敵ハ新ニ殘虐ナル爆彈ヲ使用シテ頻ニ無辜ヲ殺傷シ慘害ノ及フ所眞ニ測ル

ヘカラサルニ至ル

而モ　尚　交戰ヲ繼續セムカ　終ニ我カ民族ノ滅亡ヲ招來スルノミナラス　延テ人類ノ文明ヲモ破却スヘシ

斯ノ如クムハ　朕何ヲ以テカ　億兆ノ赤子ヲ保シ　皇祖皇宗ノ神靈ニ謝セムヤ

是レ　朕カ帝國政府ヲシテ　共同宣言ニ應セシムルニ至レル所以ナリ

朕ハ　帝國ト共ニ　終始東亞ノ解放ニ協力セル諸盟邦ニ對シ　遺憾ノ意ヲ表セサルヲ得ス

帝國臣民ニシテ　戰陣ニ死シ　職域ニ殉シ　非命ニ斃レタル者　及其ノ遺族ニ想ヲ致セハ　五内爲ニ裂ク

且　戰傷ヲ負ヒ　災禍ヲ蒙リ　家業ヲ失ヒタル者ノ厚生ニ至リテハ　朕ノ深ク軫念スル所ナリ

惟フニ　今後帝國ノ受クヘキ苦難ハ　固ヨリ尋常ニアラス

爾臣民ノ衷情モ　朕善ク之ヲ知ル

然レトモ朕ハ　時運ノ趨ク所　堪ヘ難キヲ堪ヘ　忍ヒ難キヲ忍ヒ　以テ萬世ノ爲ニ　太

平ヲ開カムト欲ス

朕ハ茲ニ　國體ヲ護持シ得テ　忠良ナル爾臣民ノ赤誠ニ信倚シ　常ニ爾臣民ト共ニ在リ　若シ夫レ　情ノ激スル所　濫ニ事端ヲ滋クシ　或ハ同胞排擠　互ニ時局ヲ亂リ　爲ニ大道ヲ誤リ　信義ヲ世界ニ失フカ如キハ　朕最モ之ヲ戒ム

宜シク　擧國一家子孫相傳ヘ　確ク神州ノ不滅ヲ信シ　任重クシテ道遠キヲ念ヒ　總力ヲ將來ノ建設ニ傾ケ　道義ヲ篤クシ　志操ヲ鞏クシ　誓テ國體ノ精華ヲ發揚シ　世界ノ進運ニ後レサラムコトヲ期スヘシ

爾臣民　其レ克ク朕カ意ヲ體セヨ

「君が代（著者による解説）」

普通科学では大きな岩から小さい岩になり、最後には砂になると説明しています。ですから「小さい岩から大きい岩になって苔がむす」という日本の国歌は、非科学的だという人がいます。

しかし最近の科学では、小さい石が石灰イオンによって結合され大きい岩になる、ということが分かってきました。

ですから日本の国歌は、新しい科学的な国歌なのです。このような新しい科学を取り入れた国歌は他の国歌には全くありません。

さあ皆さん、一緒に誇りをもって歌いましょう。

君が代は
千代に八千代に
さざれ石の
巌《いわお》となりて
苔《こけ》のむすまで

※著者解説文は、http://dr.nakamats.com をご覧ください

著者紹介資料

著者は日本一の入学競争率だった最後の大日本帝国海軍将校生徒。終戦時「日本は負けていなかった」体験者・生き証人として後世に伝える。海軍仕込みの肉体鍛錬を続け、85歳になっても50トンの筋肉トレーニングを続けている。

最後の東京帝国大学生として、マッカーサーにより禁止された東大での航空機の研究（零戦など東大工学部卒業生が設計）を復活するため「東大航空研究会」を設立し、著者が会長になり戦後の日本航空機産業の幹部を育てた。また、戦後の日本を復活させるため「東大発明研究会」を設立し、同じく会長として多くの優秀な人材を育てた。そして小学校から東京帝国大学卒業までは無遅刻無欠席を貫き、そのノートの緻密さは東大生中で一番と評判だった。

「東大航空研究会」を設立し、会長として世界発明のジェット旅客機として有名なイギリスのデ・ハーラント社の「コメット」が初来日の時に、六大学で構成する「日本学生連盟」（左６名）と宝塚歌劇団（右）が出迎え、東京大学を代表して著者（左端）が全員を引率。

(7)　12版　昭和28年1月18日　(日曜日)　朝日新聞

学生だけの発明グループ
アルバイトで研究費
ラジオ組立も引受ける

学生ばかり三十人集って研究とアルバイトとをうまく両立させているグループがある。「東大発明研究会」がそれだ。天然資源の乏しいわが国では発明をもっと盛んにしなければならない、と東大工学部の学生の間にこのグループが生れたのは一年前だが、学生らしい熱心さでいろいろと楽しい考案、有益な発明が生れた。他の学部や教養学部の学生も参加して総務部、研究部、厚生部の三つにわけ、厚生部では備蓄、ラジオの組立修理の注文を受けアルバイトのあっせんをやる。利益のうちから会へ積立金をし、それが内の研究費にまわる、という仕組。十七日にはこの会で展覧会を開いたが、この会の会長は廿四歳の学生、会員には七十四歳の元東大助手もいる。会長は旧制三年の中松義郎君、海軍機関学校在学中に終戦となり成城高校から東大へ来た学生だが小さいころから発明研究が好きで、終戦後考案した件数だけで六百あるそうだ。その中の面白いのを拾うと

▽横組式完全自動連続蓄音機—トビラを開いてレコードを入れると表と裏が演奏され、終るとレコードが出て来る。連続二百時間はらくで昨年特許をとったという。

▽燃料のいらない暖房器—熱が逃げないようにして気圧を急激に変化させると高熱を生ずるという原理に応用した暖房器。

▽料理報知器—タバコ箱程度の小さな器械だが熱の変化をあらわす装置がついているので、取付けておくと料理が出来るとベルが鳴って知らせてくれる。自炊学生がその間も勉強できるように考案したものだそうだ。

七十四歳の元助手は村越小五郎氏、ミネラル水の研究に没頭している。ミネラルを水中にイオン状態にすると体内に吸収されやすい。イオン状態で存在するというのは議論の余地があるが、実験の結果はこう推測されるという。ミネラル水として鉄水(増血)ビスマス水(下痢止)亜鉛水(皮膚病)をつくったが、服用して見ると好成績で、発明者村越さんの白髪は非常に減り、皮膚が若々しくなったと喜んでいる。

以上は特許を得ているが、そのほかメンバーの研究では「電導性プラスティックスの物性論的研究」(新制四年、西奥貫尚君)「誘導水分計」(同、日馬明雄君)「無線操縦の研究」(新制三年、島田静雄君)「音質に重点を置いたポータブル電蓄」(同、河野光君)などなど。ラジオを直しながら明朗なグループの若い会長さんはこう語った。「よその大学にも発明研究会が出来るといいんですが—お互いに連絡して研究し合い、すぐれた発明をぼくらで生み出したい。」

【写真は組立作業中の「東大発明研究会」グループ。白衣が会長の中松義郎君】

最後の東京帝国大学卒業生として、占領軍によってすべての日本の航空機メーカーが潰されたので航空機を扱っている三井物産に入社し、当時禁止されていた固定翼航空機でなく、回転翼ヘリコプターの国産化を川崎や中島（富士重工）で行った。そのため著者は自らパイロットと航空機関士として日本一周飛行を行い、日本新記録を樹立した。また、架線や農薬散布装置を発明しヘリの用途を広め、ヘリコプター運航会社としてANAを設立、JALの大株主になった。さらに、マッカーサーによりバラバラにされた三井グループを再建し再結集するためNAIG（日本初の原子力事業会社）を設立。シネマスコープやフロッピーディスクを発明し世界で初めてIT産業を興し、戦後日本の復興に全精力を傾けた。

スイスで終戦交渉をした藤村海軍中佐（中央左）から戦後の日本のリーダーとなって日本を復活することを託された（ロサンゼルスにて）。

吉田総理に大磯の私邸で直接薫陶を受け、戦後日本の政治の礎を築くことに尽力。机上は発明したフロッピーディスク。これはワシントンとの秘密外交に使用された。

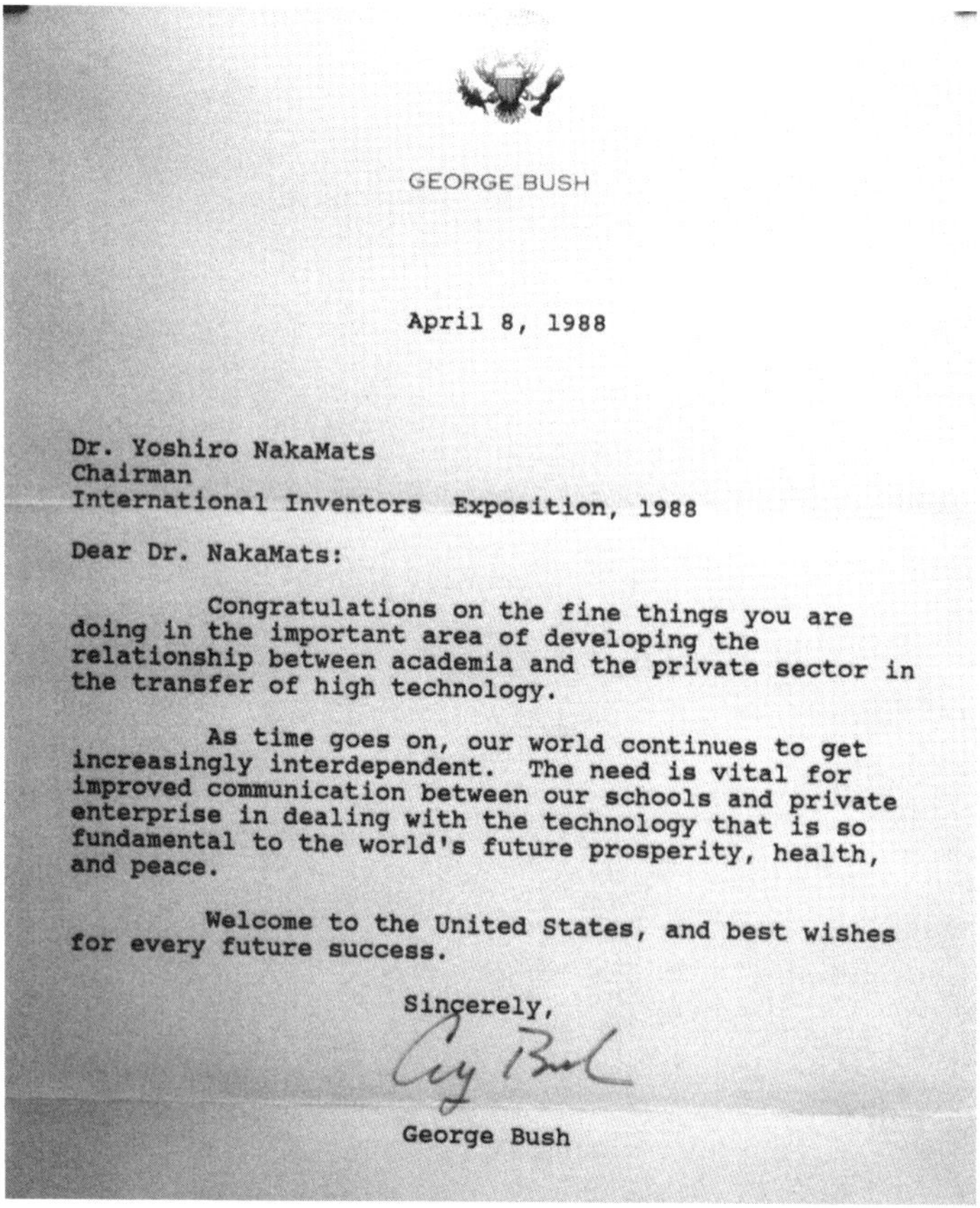

GEORGE BUSH

April 8, 1988

Dr. Yoshiro NakaMats
Chairman
International Inventors Exposition, 1988

Dear Dr. NakaMats:

Congratulations on the fine things you are doing in the important area of developing the relationship between academia and the private sector in the transfer of high technology.

As time goes on, our world continues to get increasingly interdependent. The need is vital for improved communication between our schools and private enterprise in dealing with the technology that is so fundamental to the world's future prosperity, health, and peace.

Welcome to the United States, and best wishes for every future success.

Sincerely,

George Bush

米国ブッシュ大統領は「フロッピーディスクを発明IBMにライセンスし、世界でIT産業を興した国際発明協会会長の著者を讃え、今後とも米国の大学や産業を援けてほしい」との書簡を送り、これを受けて著者はアリゾナ大学上級教授としてアメリカ学界を指導した。

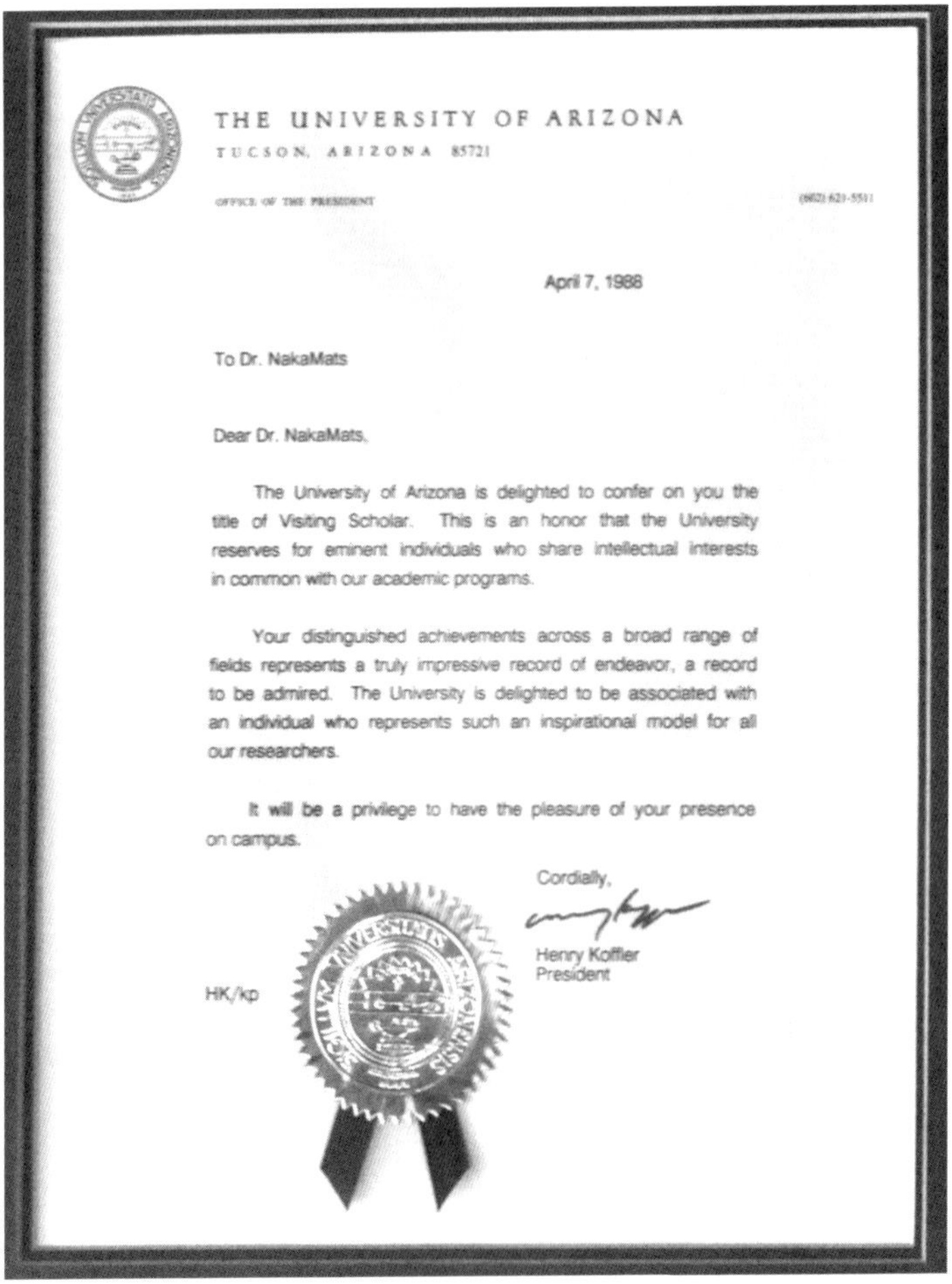

THE UNIVERSITY OF ARIZONA

TUCSON, ARIZONA 85721

OFFICE OF THE PRESIDENT (602) 621-5511

April 7, 1988

To Dr. NakaMats

Dear Dr. NakaMats,

The University of Arizona is delighted to confer on you the title of Visiting Scholar. This is an honor that the University reserves for eminent individuals who share intellectual interests in common with our academic programs.

Your distinguished achievements across a broad range of fields represents a truly impressive record of endeavor, a record to be admired. The University is delighted to be associated with an individual who represents such an inspirational model for all our researchers.

It will be a privilege to have the pleasure of your presence on campus.

Cordially,

Henry Koffler
President

HK/kp

アメリカNo. 1のアリゾナ大学で講義してほしいと、アリゾナ大学総長から著者への書簡。著者はこの他、ペンシルバニア大学ウォルトンスクール、ハーバード大学、MIT、ナショナル大学、サンノゼ大学、シカゴ医科大学、南カリフォルニア大学、サンディエゴ大学、セントルイス大学、コロラド工科大学、ドレクセル大学、デューク大学、フロリダ大学、スタンフォード大学研究所、サンフランシスコ大学、イリノイ大学、ニューヨーク大学、シラキュース大学、カーネギーメロン大学、ピッツバーグ大学、メキシコ大学などで教授として講義した。

Eye on Japan Lecture Series:
Dr. Yoshiro NakaMats
Vice-President for Technology at Newport Asia Pacific University
speaks on The Invention
View the first of a series of lectures co-sponsored by
Columbia Video Network (CVN) and
Newport Asia Pacific University (NAPU) at
www.cvn.columbia.edu
www.napu.edu

米国ニューヨークにある名門コロンビア大学大学院の「工学及び応用科学科」の教授として、ボーイング航空社長、宇宙飛行士などを教える。

母校東京大学でシステム創成学や計測工学を教授する。

フロッピーディスクの発明者として、米国ブッシュ大統領に代わり大リーグの始球式に招かれ、日本人として初めて大リーグのピッチャーズマウンドから始球式。

ニューヨーク・シェラトンホテルで行われたニューヨーク世界発明コンテストの審査委員長で、米国特許商標著作権法律協会のロバートソン会長は「フロッピーディスクの発明者は中松義郎博士である」ことを正式に確認し、握手をし、「世界発明グランプリ賞」のトロフィーを与え、讃えた。

米国の権威あるメディア「ニューズウイーク」が「フロッピーディスクの発明者は中松義郎博士である」ことを確認する記事を掲載。同時に「誰が話が安いと言った？」の見出しで世界で講演料が最も高い人12人を選び、日本人で著者１人のみ選ばれる。その講演料は１時間１万ドル（約100万円）とした（米国国際講演者協会調べ）。

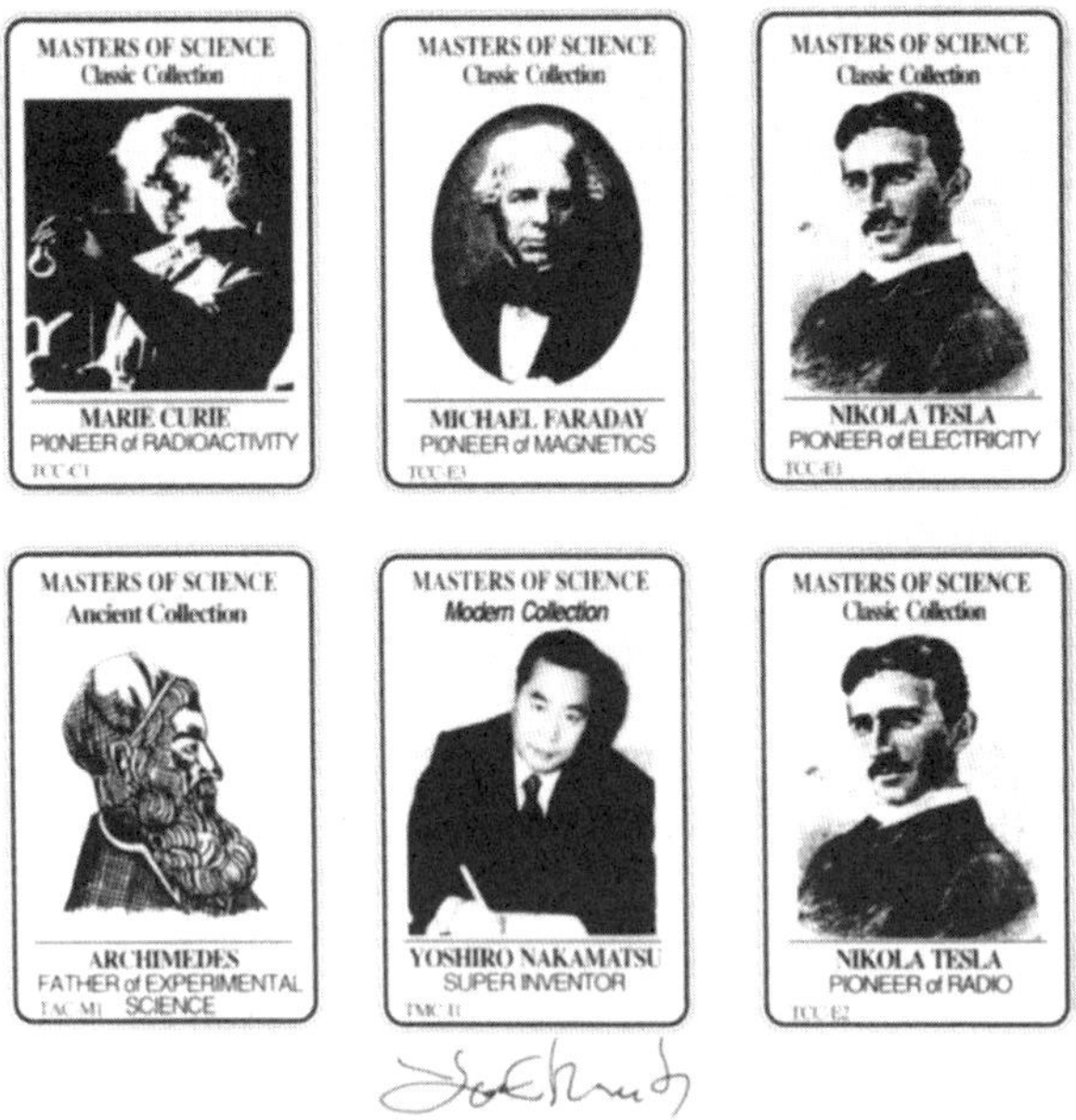

アメリカ科学学界は「歴史上最も偉大な科学者」５人を選んだ。それは「実験科学の父」アルキメデス、「放射能のパイオニア」キュリー夫人、「磁気のパイオニア」マイケル・ファラデー、「電気のパイオニア」ニコラ・テスラ、「超発明王」中松義郎。
この中で「近代の偉大な科学者」として著者が唯一選ばれた。

歴史上の偉大な科学者の１人ニコラ・テスラの生誕地セルビアの科学アカデミーは、著者に「テスラ賞・金賞」を授与。この賞はノーベル賞に匹敵し、日本人の受賞者は著者唯一人である。授賞式はテスラの誕生日に国を挙げて華やかに行われた。

The Ig Nobel Board of Governors awards the

2005

Ig Nobel Prize

in the field of

Nutrition

to

Yoshiro NakaMats

as witnessed, sworn to, and/or noticed by

Chairman, Ig Nobel Board of Governors
Editor, Annals of Improbable Research

Nobel Laureate

Nobel Laureate

Nobel Laureate

スウェーデンのノーベル賞に対し、アメリカのノーベル賞としてハーバード大学で設立されたIgノーベル賞は、全世界からまず5000人の科学者が選ばれ、その中から１人が選ばれる。審査はハーバード大学とMITのノーベル賞受賞者が行う。著者が42歳から35年間すべての食事の写真を撮り、自らの採血データの32項目を分析して研究し、人間寿命は144歳、１日１食優位、食効果３日後、理想食、理想飲物、理想運動等を導き出した成果に対し、世界初の「栄養学賞」が2005年に与えられた。上記はその賞状で下のサインは審査したハーバード大学教授でノーベル賞受賞者。著者はさらに2010年ハーバード大学で世界中の科学者の中から唯一人「グレート・シンカー(大賢人)」に選ばれた。この時の試験問題は「ピンの上で何匹のバクテリアがダンスを踊れるかを30秒以内に答えよ」だった。

スウェーデン国王と単独謁見し、それまで日本人のノーベル賞受賞がほとんど無かったので日本の科学の優位性を国王に直接説明、ノーベル賞委員会で講義を行い日本人の受賞を上奏した。この翌年から日本人への受賞が続いた。こうして日本科学振興の黒子として日本復興を支えた。

昭和天皇が功労を讃えられ、園遊会に著者を招待いただく。

Proclamation

City and County of San Francisco

Whereas *on behalf of the citizens of the city and county of San Francisco, I am honored to welcome Dr. Yoshiro NakaMats, inventor extraordinaire, to San Francisco on Thursday, February 23, 1995; and*

Whereas *this prolific and creative inventor, often referred to as "the Thomas Edison of Japan" is credited with over 2,360 active registered patents, more than one of which has indeed changed the world; and*

Whereas *Dr. NakaMats invented the floppy disk, thus launching a revolution in the personal computer industry and inspiring many other important discoveries; and*

Whereas *Dr. NakaMats has arrived from Japan to discuss his latest invention for the computer superhighway that can help computer systems survive natural disasters; now*

Therefore Be It Resolved *That I, Frank M. Jordan, Mayor of the City and County of San Francisco, in recognition of Dr. NakaMats' extraordinary contributions to humanity and for his efforts in strengthening social and cultural relations between the United States and Japan, do hereby proclaim February 23, 1995 as ...*

Dr. Yoshiro NakaMats Day in San Francisco

IN WITNESS WHEREOF, I have hereunto set my hand and caused the Seal of the City and County of San Francisco to be affixed.

Frank M. Jordan
Mayor

サンフランシスコ市議会は著者のフロッピーディスクの発明など、世界最多の発明王として「ドクター・中松記念日」を議会で制定した。上記は市の紋章と市長のサイン入り証書。「ドクター・中松デー」はこのほかロサンゼルス、ニューヨークなど17都市や州に制定されている。もちろんこれらは著者が働きかけたのではなく、すべてアメリカの市議会が自発的に発議したものである。

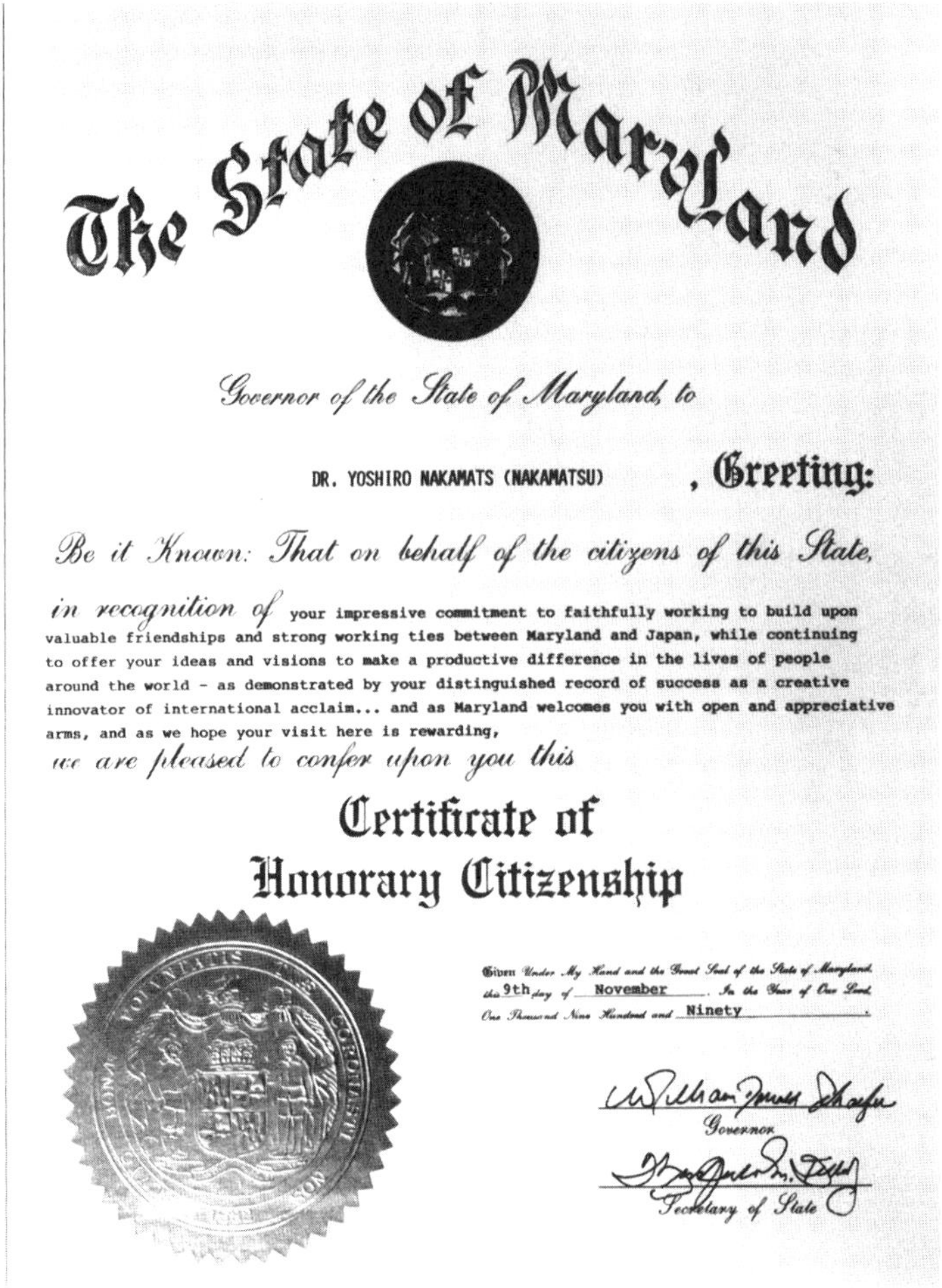

The State of Maryland

Governor of the State of Maryland, to

DR. YOSHIRO NAKAMATS (NAKAMATSU), Greeting:

Be it Known: That on behalf of the citizens of this State,

in recognition of your impressive commitment to faithfully working to build upon valuable friendships and strong working ties between Maryland and Japan, while continuing to offer your ideas and visions to make a productive difference in the lives of people around the world - as demonstrated by your distinguished record of success as a creative innovator of international acclaim... and as Maryland welcomes you with open and appreciative arms, and as we hope your visit here is rewarding,

we are pleased to confer upon you this

Certificate of Honorary Citizenship

Given Under My Hand and the Great Seal of the State of Maryland, this 9th day of November. In the Year of Our Lord, One Thousand Nine Hundred and Ninety.

Governor

Secretary of State

メリーランド市議会は著者のフロッピーディスクの発明など世界最多の発明王として、名誉市民とすることを議会で満場一致裁決した。このほかアメリカの17の都市やメキシコ、南米、ヨーロッパも著者を名誉市民にしている。

アメリカ著名人名誉殿堂入り（Hall of Fame）

Certificate of Special
Congressional Recognition

Presented to

Dr. Yoshiro NakaMats

in recognition of outstanding and invaluable service to the community.

September 8, 2001
DATE

MEMBER OF CONGRESS

米国議会は著者が世界に貢献した業績を讃え、議会表彰をし、2001年９月８日の日米講和条約50周年記念日にサンフランシスコ・オペラハウスで授与式が行われた。

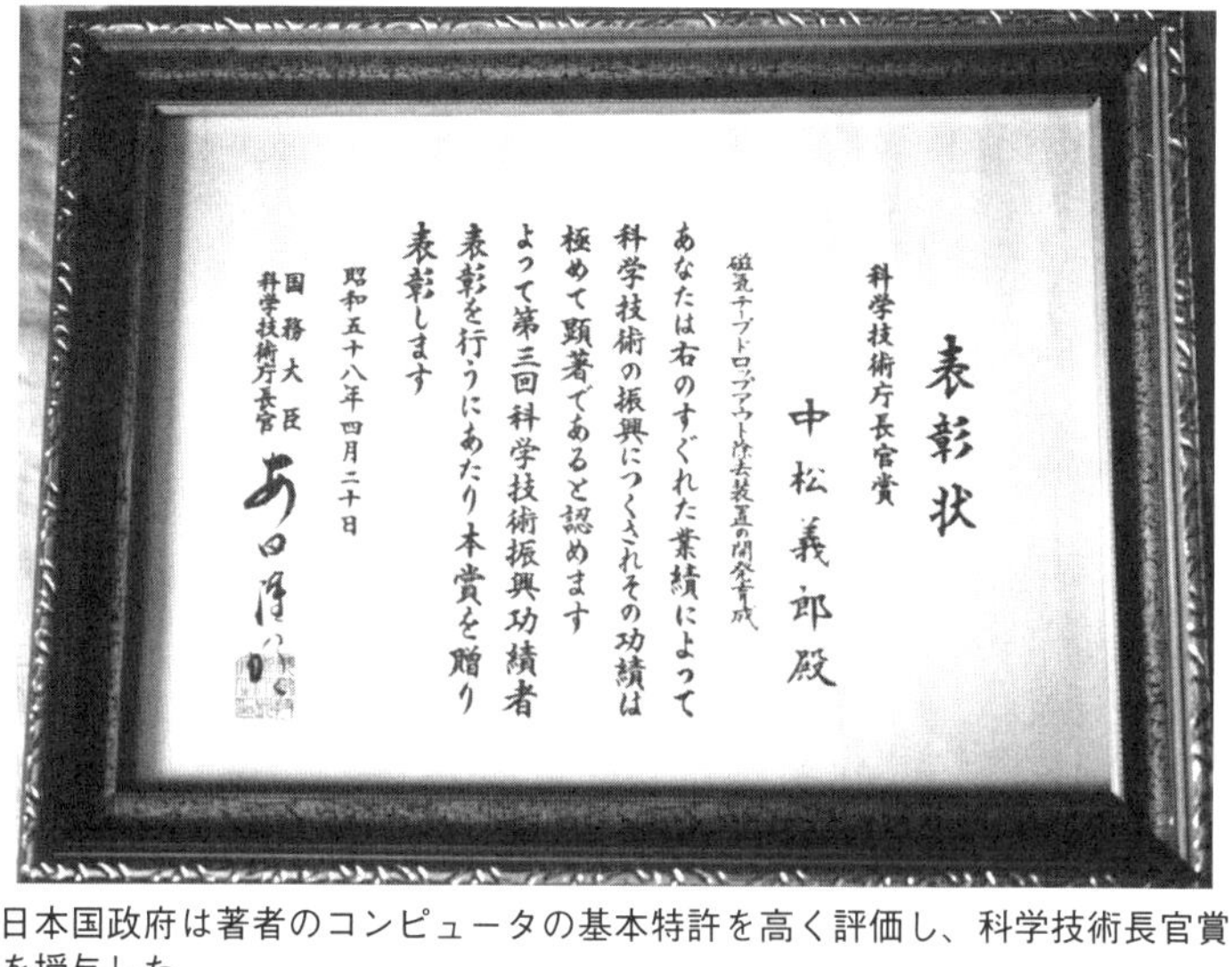

表彰状

科学技術庁長官賞

中松義郎殿

磁気テープドロップアウト除去装置の開発育成

あなたは右のすぐれた業績によって
科学技術の振興につくされその功績は
極めて顕著であると認めます
よって第三回科学技術振興功績者
表彰を行うにあたり本賞を贈り
表彰します

昭和五十八年四月二十日

国務大臣
科学技術庁長官

日本国政府は著者のコンピュータの基本特許を高く評価し、科学技術長官賞を授与した。

第１回ロシア科学映画祭ポスター。なおアメリカABCテレビ・CBSテレビ・NBCテレビ、ドイツ国営テレビ、ポーランド国営テレビ、デンマーク国営テレビ、オランダ国営テレビ、ロシア国営テレビが著者を取材し全世界に放映された。

映画「中松義郎博士の発明」のハリウッドポスター。なおBBCテレビやカナダディスカバリーチャンネルテレビ、フランステレビ、オーストラリアテレビ、韓国テレビなどのクルーが著者を来日取材し全世界に放映された。

デンマーク国立映画公社・BBC・ハリウッド共同制作映画「中松義郎博士の発明」は世界的にヒットし、多くの国の人から喝采を浴びている。この頃からハリウッド、ニューヨークでも映画制作が進んでいる。なお映画に革命を起こしたシネマスコープや現在の横長テレビも著者の発明である。

著者はアメリカではじめて「少年発明クラブ」をニュージャージー州テナフライの小学校に設立。学校、教師、PTAから絶賛を浴び、多数の生徒が発明の才能を開花させ社会に貢献している。

アメリカ航空士官学校で講義。

航空自衛隊に訓示。

著者プロフィール

中松 義郎（なかまつ よしろう）

ノーベル賞受賞者が選ぶIgノーベル賞受賞
ハーバード大学でグレート・シンカー（大賢人）に選ばれる。
○最後の帝国海軍将校生徒
○最後の東京帝国大学卒業生
○米国科学学会で「歴史上もっとも偉大な５人の科学者」に選ばれる。
　工学博士　理学博士　法学博士　医学博士　人文学博士
○最初の発明は５歳。灯油ポンプ、フロッピーディスク、セレブレックス、５倍入るパター等、発明件数3400件以上でエジソンの1093件を抜き世界第１位。IBM社に17特許をライセンスしている世界唯一の個人。
○世界発明コンテスト45回連続世界一グランプリ。
○ニューズウィーク誌で「世界で最も価値ある12人」に選ばれる。
○米国発明協会副会長、世界発明機構副議長、世界天才会議議長、国際発明協会会長、能力学会会長、スウェーデン発明議会名誉議長、米国科学研究学会員、ドクター中松ワールドユニバーシティ総長、中松寺住職
○教授、上級教授等として各大学で創造学講義。東大、ハーバード大、MIT、ペンシルバニア大ウォルトンスクール、コロンビア大、ワシントン大、シカゴ医大、南カリフォルニア大、アリゾナ大、ドレクセル大、スタンフォード大、サンディエゴ大、ニューオリンズ大、カーネギーメロン大、ピッツバーグ大、フィラデルフィア大、メキシコ・セディス大、コロラド工業大、シラキュース大、セントルイス大、拓殖大、明治大、青森大、九州共立大学
○米国各市の名誉市民。シアトル、フィラデルフィア、ニューオリンズ、セントルイス、アルゲーニ郡、サンディエゴ、ラーミラダ、トゥーソン、メキシコ、・ティファナ、メキシコ・エンセナダ、コロラドスプリングス、アリゾナ・ピーマ○国連アースデー日本代表○国連創造年創設者
○米国各市州が法律で「ドクター中松デー」を制定。サンフランシスコ２月23日、オークランド２月23日、トゥーソン４月13日、ピッツバーグ４月26日、ニューオリンズ、５月3日、ミズリー州５月５日、セントルイス５月５日、サンノゼ５月８日、サンタクララ５月８日、ロサンゼルス６月26日、コロラドスプリングス７月24日、メキシコ・ティファナ９月６日、サンディエゴ９月８日、ニューヨーク11月26日

○受　賞　米国国会表彰、ブッシュ大統領親書、米国大統領賞、米国発明会議最高賞、世界栄誉賞、ミズーリ大学総長賞、米国ナショナル大学世界指導者賞、シカゴハイテク研究所天才賞、国際著名人名誉殿堂入り、韓国文化勲章、世界平和大賞、科学技術庁長官賞、米国発明協会最高賞、米国ライフタイム賞、ミレニアム賞、韓国蒋英実科学文化賞、シュバイツァー賞、ガンジー平和賞

○全米ネットTV「ライフスタイル・オブ・リッチ・アンド・フェイマス」「ディビット・レターマン」「ビヨンド2000」 BBC「フランク・スキャナーショー」出演、LA「コナン」NY「ビュー」出演予定。米国、ロシア、スウェーデン、ノルウェーなどの新聞に全面記事掲載。

○米国少年発明クラブ創設○ドクター・中松映画が世界中で大反響

○米国大リーグの始球式を大統領の代わりに行う○米国シェリフ

○第102代ガンデン・ティパより「金剛大阿闍梨」を授与○ABBOT（僧院長）就任

○マルタ騎士団より、日本人でただ一人「サー」（卿）の称号を受ける。

日本は負けたのではない

超経験者しか知らない大東亜戦争の真実

2013年5月27日　初版第1刷発行

著　者　中松 義郎

発行者　瓜谷 綱延

発行所　株式会社文芸社

〒160-0022　東京都新宿区新宿1－10－1

電話　03-5369-3060（編集）

03-5369-2299（販売）

印刷所　図書印刷株式会社

ISBN978-4-286-13911-1